GEMEINSAM ENTDECKEN

DIE STADT-OASE ENGLISCHER GARTEN
Hier treffen sich Hobby-Sportler, Faulenzer und Sonnenanbeter

SERVUS, HERR TUTANCHAMUN!
Auf den Spuren von Tempeln, Sphinx und Pharao Ramses im Ägyptischen Museum

TIERISCHER SPASS IM MÜNCHNER ZOO
Auf Tuchfühlung mit Elefanten, Giraffen und Pinguinen im Tierpark Hellabrunn

SCHÖNER REISEN
MIT KINDERN

FAMILIENREISEFÜHRER

MÜNCHEN

und Umgebung

Inhalt

München

Münchner Brezn schmecken allen

4

DIE TOLLSTEN ATTRAKTIONEN FÜR KINDER

5

GUT ZU WISSEN

Unser Autor

GOTTFRIED AIGNER lebt mit seiner Frau und Kollegin seit vier Jahrzehnten vorwiegend in München. Wegen der Nähe zu Italien. Natürlich kannte er alle wichtigen Ziele in Bayerns Hauptstadt. Dachte er. Um seinen Lesern möglichst viele Überraschungen vorzustellen, war er beinahe sechs Wochen atemlos unterwegs, ob mit S- und U-Bahn, Bus, per pedes oder als Pedalritter. Für ihn die größte Überraschung: die vielen Grünzonen der Stadt – und außerhalb die Wildparks, wo sich gleich ein Mufflonwidder interviewen ließ.

Was Sie wissen sollten

Diese Zeichen und Symbole begleiten Sie durch das ganze Buch und geben Ihnen besondere Informationen:

Grün

Infos zur Region oder spezielle Empfehlungen für die Eltern gibt's in den grünen Kästen.

Orange

In den orangefarbenen Kästen stehen tolle Tipps oder Geschichten für Kinder.

Blau

Regionale kulinarische Genüsse oder ein Restaurant, in dem auch Ihre Kinder auf ihre Kosten kommen, finden Sie in den blauen Kästen.

Die Mini-Karte von München mit dem roten, grünen oder blauen Punkt zeigt Ihnen auf einen Blick, an welchem Ort sich die jeweilige Adresse befindet.

1 MÜNCHEN FÜR ELTERN UND KINDER

München entdecken

Bayerns Metropole, die Weltstadt mit Herz und Witz, liegt inmitten der von Gletschern angeschwemmten Schotterebene. Ein warmer Fallwind, genannt Föhn, der von den Alpen herunterweht, sorgt für zusätzliche Sonnenstunden und ein glasklares Panorama (s. dazu auch S. 9 und S. 108/109). Das reichhaltige kulturelle Angebot ist auch dem Zuzug aus allen Gegenden Deutschlands zu verdanken. Überhaupt bietet Bayerns Hauptstadt Familien mit Kindern ganzjährig ein buntes Programm für den Urlaub. Das „Herz für Kinder" muss sich vor allem in den großen Ferien beweisen. Und in diesem Zeitraum sind Juli und August die heißesten Monate, zudem regnet es von Juni bis August am stärksten. Kein Problem, dann werden die Regenschirme im Foyer der Museen abgestellt, wo mit Knöpfen und Klappen, Fragebogen und Audioguide spielerisch die Geheimnisse des Lebens und der Welt erfahren werden, wo man sogar den Nagel besichtigen kann, an den der Witzbold Karl Valentin seinen Beruf gehängt hat. Oder die Familie macht einen Kirchenbesuch, beispielsweise in der Frauenkirche, wo dem Teufel ein Schnippchen geschlagen wurde. In sonnigen Zeiten bietet die Stadt neben ihren Seen und Freibädern schattige Grünzonen sowie Wege für Wanderer und Radler entlang der Isar und der Würm. Als Hits für Kids gelten die in Wäldern liegenden Tierparks mit Lehrpfaden neben Gehegen mit Wildschweinen, Bären und Wölfen, mitten durch das Reich der neugieri-

München für Kinder? Schau'n mer mal

München bei Föhn: Die Alpen rücken näher

gen Kitze von Reh, Hirsch und Damwild. Sogar die Theaterwelt Münchens wird mit speziellen Kinderhäusern bereichert (s. Kasten S. 8).

Geheimnisvolle Gassen und Ecken
Wer den vor allem in der Ferienzeit überfüllten Marienplatz mit dem imposanten Neuen Rathaus verlässt, entdeckt in den Seitengassen die Geheimnisse der Stadt. Und vor allem ihre Geschichte: Sie begann mit einer Mönchsklause, die von Heinrich dem Löwen um 1158 nach einem nicht gerade seriösen Streich zum Handelszentrum ausgebaut wurde (s. Tour 5, S. 56). Seine Spuren zu erkunden und die seiner Nachfolger, der ab 1180 herrschenden Wittelsbacher, ist an historischen Stätten und in Museen auch für junge Besucher eine spannende Sache.
Was nicht zu Fuß oder mit dem Rad schnell zu finden ist, wird durch ein hervorragendes U- und S-Bahn-Netz,

> **„Bayerns Hauptstadt bietet Familien mit Kindern ganzjährig ein buntes Programm für den Urlaub.“**

Fakten und Zahlen

Bayerns Metropole wächst unaufhörlich. Mit 1,55 Mio. Einwohnern ist München nach Berlin und Hamburg Deutschlands drittgrößte Stadt. Sie hat mit 28,3 % den höchsten Ausländeranteil (180 Nationen), hinzu kommen 15 % deutsche Staatsangehörige mit Migrationshintergrund. Der Geburtenüberschuss (Geburten gegenüber Sterbefällen) beträgt 6.910 Neugeborene. Übrigens: Nur 33,5 % der Münchner sind auch hier geboren, also waschechte „Münchner Kindl“.
STÄDTE IN DER UMGEBUNG: Fürstenfeldbruck 35.000, Freising 50.000, Dachau 47.000, Starnberg 23.000 Einwohner.
HÖHE: 519 Meter über NN.
WIRTSCHAFT: 22 % der bayerischen Arbeitnehmer arbeiten in der Hauptstadt, davon 75,7 % im Dienstleistungssektor (mit Tourismus), 24,3 % im produzierenden Gewerbe. Arbeitslosenquote: 4,3 %. Der Tourismus zählt pro Jahr rund 7 Mio. Ankünfte mit etwa 14 Mio. Übernachtungen, 48 % sind ausländische Gäste.

per Bus oder Tram bequem erreicht. Auch der nördliche Städtebogen mit Dachau und Freising (s. Tour 9, S. 74) sowie das südliche Umfeld mit Münchens Badewanne, dem Starnberger See (s. Tour 10, S. 80).

Begegnung mit Münchnern

Wer bei Spaziergängen gut gelaunt in Fußgängerzonen bummelt, sich von hohen Türmen einen Überblick verschafft, bekanntes und verstecktes Kulturgut besichtigt, wird vor allem gleich gesinnten Urlaubern begegnen. Echten, schon lange in der Stadt lebenden Münchnern, begegnet man eher beim Shopping, in der Freizeit an der Isar oder im Englischen Garten – ganz sicher aber in einem der vielen Biergärten, wo Eltern und Großeltern mit Kind und Kegel ihr Picknick unter schattigen Kastanienbäumen genießen. In der bunten Mischung an Münchens Trinkzonen fallen die vielen ausländischen Gäste auf, die immerhin knapp 30 Prozent der Bevölkerung ausmachen (s. Kasten S. 7). Meistens erkennt man Nichtmünchner schon an der Bestellung von Getränken. Die „Breissn" ordern ein Bier, die Bayern ein Helles, nicht gleich eine Maß (sprich: „Mass", nicht „Maaaß"), sondern eine Hoibe (eine Halbe = halber Liter), die einen ein Brötchen, die anderen eine Semme (Semmel). Und bei der Begrüßung heißt es nicht „Guten Tag", sondern „Griaß Good" („Grüß Gott"), zum Abschied ist man meistens schon per Du und sagt nicht „Auf Wiedersehn" oder „Tschüs", sondern „Pfiadi" („Behüte dich"). Weitere Münchner Spezialausdrücke stehen im Kasten „Kinder lernen Münchnerisch", S. 64.

Jubel bei Kasperl Larifari und Jim Knopf

Auch die Kleinsten freuen sich im **MÜNCHNER MARIONETTEN-THEATER** über die lustigen Puppen, über den Empfang durch Kasperl Larifari und seine Frau, die Gretl. Gespielt werden z. B. „Die kleine Hexe", „Die Zauberflöte" und „Die Abenteuer der kleinen Maus"(s. auch Tour 10, Schloss Ammerland, S. 84). *Blumenstr. 32, 80331 München, Tel. 089-26 57 12, www.muema-theater.de. 15 u. 20 Uhr (s. Spielplan). Eintritt: Erw. € 10, Kinder (2-14 J.) € 9, Schüler (ab 14 J.), Studenten, Rentner Ermäßigung € 1. Kiosk mit Getränken, Eis und Süßem.*

Im **MÜNCHNER THEATER FÜR KINDER** sind, von professionellen Schauspielern dargestellt, z. B. Kinderbuchklassiker wie „Der Räuber Hotzenplotz", „Dornröschen" oder „Jim Knopf und Lukas der Lokomotivführer" zu sehen. *Dachauer Str. 46, 80335 München, Tel. 089-59 54 54, www.mtfk.de. Tägl. 15, Sa/So/Feiertage sowie in den Schulferien auch 10 Uhr. Tickets je nach Platzwahl € 9-13, Vorbestellungen per Telefon tägl. 10-14 u. 15.30-17.30 Uhr.* In beiden Theatern gibt's auch spezielle Arrangements für Kindergeburtstage.

Was Eltern wissen sollten

Die bayerische Hauptstadt steht nicht nur für Glockenspiel am Alten Rathaus, Frauenkirche mit welschen Hauben und stolze Preise auf dem Viktualienmarkt. In dieser Stadt versteckt sich in jedem Museum, in jedem Industriegebäude, in jeder Straßenzeile mit Kaufhäusern und Palästen ein kinderfreundliches Programm. Und grüne Zonen mit schattigen Parks sowie erfrischenden Wasserläufen bieten sich nach jedem ermüdenden Pflasterbummel am Rand der großen Fußgängerzonen an. Da bleibt nur die Frage nach der Wetterlage. Stolze Antwort: Die Urlaubsstadt München mitsamt ihrer näheren Umgebung hat im Jahr mehr Sonnentage als andere deutsche Landschaften und Städte. Die offizielle Angabe mit 1.777 Stunden Sonnenschein im Jahr ist zum großen Teil dem Föhn zu verdanken. Das ist ein Fallwind, dessen südliche, feuchte Quelle (Tiefgebiet) vom Gardasee und von der Adria kommt und in den Höhen der Alpen abregnet oder abschneit. Von den Bergkämmen stürzt die dann trocken gewordene Luft abwärts, erwärmt sich pro 100 Meter Höhe um ein Grad Celsius und sperrt sich gegen eventuell von Norden ankommende Tiefgebiete. Für Wasserratten bedeutet dies, dass sie sich im Sommer häufiger in Münchens Badeseen oder Freibädern austoben können. Für Augenmenschen –

„Pack die Sepplhose ein …" 1.777 Stunden Sonne!

Hobbyfotografen – kommt die fast unglaubliche Fernsicht hinzu (s. Tour 1, S. 30). Über die Nachteile des Fallwinds – Kopfschmerzen und Kreislaufprobleme – gibt es auch in der Wissenschaft unterschiedliche Ansichten. Frohe Botschaft für Urlauber: Nur Menschen, die schon lange in der Föhnzone leben, klagen über Probleme mit dem Schönwetter-Boten (s. Kasten S. 11).

Münchens Wasser: einfach spitze
In München kann Wasser aus der Leitung bedenkenlos getrunken werden. Es kommt aus der Naturquelle des Mangfalltals, ein wunderschönes, erlebnisreiches Ziel für Wanderer und Radfahrer (s. Tour 6, S. 61). In der Stadt München gibt es 125 öffentliche Brunnen mit Trinkwasser.

Aktuelle Infos: sauberes Badewasser

Für sauberes Badewasser in Münchens Seen und Bädern ist gesorgt, die Vorschriften sind streng. Eltern, die ganz sichergehen wollen, können sich über die aktuelle Lage informieren. Eine Übersicht der EU-Badestellen und deren aktuelle Bewertung gibt es über www.lgl.bayern.de/gesundheit/hygiene/wasserhygiene/badeseen, für den Feringasee über www.landkreis-muenchen.de/themen/freizeit-kultur-sport/badeseen-und-badegewaesser/feringasee.

„Wasser frei!", meint der feiste Satyr (s. Tour 2, S. 41)

Sie sind aber nicht gekennzeichnet, weil die Verwaltung Angst hat, sie könnte bei einer Erkrankung auf Schadensersatz verklagt werden. Nur der Atlantida-Brunnen am Rand des Rindermarkts ist im Probelauf offiziell zum Trinken freigegeben. An den vielen Brunnen auf dem Viktualienmarkt sind die meisten Durstigen weniger zurückhaltend. Händler und Marktfrauen machen mobil, wollen nutzbare Brunnen. Über die Wasserqualität in Münchens Seen und Bädern informieren wir im Kasten oben.

Kampf den Stechmücken
Leider gibt es kaum ein Urlaubsgebiet ohne Stechmücken. Was wirklich los ist, sehen die Eltern oft erst am Morgen, wenn Gesicht und Hände ihrer Lieblinge zerstochen sind. Erste Regel: Beim Urlaubsquartier (vor allem in der Nähe von Seen oder Gewässern) nachfragen, ob die Fenster Mückennetze haben. Notfalls ein anderes Quartier buchen, sofern das Urlaubs-Wohlgefühl auf dem Spiel steht. Manche schwören auch auf den Rat der Großeltern: Lavendel auf die Fensterbank und/oder auf den Tisch stellen, den Duft mögen die Biester nicht.

Schluss mit dem Föhn-Gestöhn!

Der Mediziner und Physiker Jürgen Kleinschmidt vom Institut für Gesundheits- und Rehabilitationswissenschaften der Ludwig-Maximilians-Universität München (LMU) konstatierte nach einem Versuch an Hunderten Patienten in der Klimakammer ganz deutlich: „Der alpine Föhn zeigte keinen Einfluss. Jeder, der in die warme Badewanne steigt, hat erheblich höhere thermische Einflüsse zu verkraften." Angela Schuh, Professorin für medizinische Klimatologie an der LMU: „Wetterfühligkeit beruht zu einem großen Teil auf einem Trainingsmangel des ganzen Körpers … Fast alle berufstätigen Menschen, die in Innenräumen tätig sind, haben zwangsläufig zu wenig Tageslicht, was dann zu Beschwerden führen kann." Und Julia Prosinger frotzelt im „Tagesspiegel": „Das Geheule über den Föhn bleibt … eine bayerische Eigenart. Missrät der Schweinebraten, steigt 1860 mal wieder ab, sacken die Umfragewerte der CSU unter die absolute Mehrheit – der Föhn, der hundsgemeine, war's."

Achtung, Sonnenbrand!
Vorsorge sollte man unbedingt auch beim Thema Sonnenbrand treffen. Die Gefahr durch starke Sonneneinstrahlung ist vor allem in höheren Lagen sehr hoch, auch bei bedecktem Himmel. Deshalb: Nie ohne Kopf- und Nackenschutz ins Freie, bei längerem Aufenthalt am Badeplatz sollten Kinder auch ein Hemdchen tragen! Weiter gilt: Im Freien immer Sonnenschutzmittel auftragen. Für Kinder wird mindestens Lichtschutzfaktor 30 empfohlen.

Immer schön eincremen!

Essen & Trinken

Zu einem richtigen Essen, das „Leib und Seele zusammenhält", müssen in München und Umgebung Fleisch und Wurst serviert werden. Dazu gehören vor allem Schweinsbraten, Schweinshaxn, beide mit knuspriger Schwarte, und Wammerl, der durchwachsene Schweinebauch. Viele Kinder rümpfen bei diesen deftigen Gerichten die Nase. Doch die oberbayerischen Köche haben sich längst auf die Kinderinvasion eingestellt und bieten – oft sogar auf einer speziellen Kinder-Speisekarte – alles, was der Kindergaumen begehrt: Spaghetti, Schnitzel nach Wiener Art, Pommes frites mit Ketchup, Chicken-Nuggets, Spätzle mit Soße oder die oberbayerische Version Knödel mit Soße. Wenn dann immer noch Hunger herrscht, sind die herrlichen Nachspeisen an der Reihe.

Oberbayerische Küchensprache

Damit Sie das Richtige bestellen:
Antn oder Anddn – Ente
Auszogne – Schmalzgebäck mit wulstigem Rand
Kletzenbrot – Früchtebrot mit Trockenfrüchten und Nüssen
Krautwickerl – Kohlrouladen
Kren – Meerrettich
Radi – Rettich
Oar/oa Oa – Eier/ein Ei
Ochsenaung – Spiegeleier
Reherl – Pfifferling
Schöberlsuppn – geröstete Semmelscheiben in Brühe
Schwammerlsuppn – Pilzsuppe
Semme – Semmel, Brötchen
Stoapuiz – Steinpilz
Weckn – großes längliches Brötchen
Würst – Würste
Zibebn – Rosinen

Vor 12 Uhr: Weißwurst mit süßem Senf

Ein Muss: Weißwurst und Leberkäs
Kinder, die viel reisen, sind eher geneigt, wenigstens zu kosten, was die Erwachsenen gern konsumieren. Da wäre im Reich der Schmankerl (Leckerbissen) in erster Linie die Weißwurst (Kalbsbrät, Speck und Gewürze), die mit süßem Senf und einer Brezn gegessen wird – althergebracht ausgezuzzelt oder neubayerisch mit Messer und Gabel. Wichtig: Wer die Spezialität nach 12 Uhr bestellt, fällt auf – noch mehr, wer dazu Saftschorle verlangt und die Wurst sogar mitsamt der Haut isst. Die zweite Spezialität ist der

Mit Picknick-Korb in den Biergarten

Münchens schattige Biergärten sind berühmt für ihre deftigen Schmankerl und bei Auswärtigen beliebt für die Sitte, sich sein Essen selbst mitbringen zu dürfen. Gekauft werden dann nur die Getränke oder zusätzliche Spezialitäten. Für diese Selbstverpfleger sind die ungedeckten Tische bestimmt. Geöffnet haben die Gärten bei schönem Wetter zwischen 11 und 22/23 Uhr. Ein paar Tipps mit Unterhaltung für Kinder:

AUMEISTER, *am Englischen Garten, Sondermeierstr. 1, 80939 München, Tel. 089-18 93 14 20, www.aumeister.de.*
Schön zum Schaukeln, Klettern, Baggern, mit Kleinkinderhaus und Karussell, sonntags kommt Zauberer Pepino.

HIRSCHGARTEN, *Hirschgarten 1, 80639 München-Nymphenburg, Tel. 089-17 99 91 19, www.hirschgarten.de.*
Spielplatz und Damwildgehege.

WALDWIRTSCHAFT, *Georg-Kalb-Str. 3, 82049 Pullach im Isartal, Tel. 089-74 99 40 30, www.waldwirtschaft.de.*
Sandkasten, Minigolf und Schiffsschaukel.

MENTERSCHWAIGE, *Menterschwaigstr. 4, 81545 München, Tel. 089-64 07 32, www.menterschwaige.de.*
Spielparadies mit großem Piratenschiff und Spielplatz.

Zu jeder Tageszeit: Semmel mit Leberkäs

Leberkäs (würziger Fleischteig von Rind und Schwein), vorwiegend mit Kartoffelsalat und/oder Spiegelei warm oder kalt serviert. Für Kinder witzig: Diese Spezialität enthält weder Leber noch Käse.

Fleischpflanzerl, Steckerlfisch und Hendl

Wer Schweinernes ablehnt, ist mit Tellerfleisch gut bedient. Das zarte, in Brühe gekochte Rindfleisch wird mit Kren (Meerrettich) serviert. Wer ein Fleischpflanzerl bestellt, bekommt je nach Stammeszugehörigkeit eine Bulette, eine Frikadelle oder ganz einfach ein Hackfleischbällchen.
Im Bereich Wurst darf der Presssack nicht vergessen werden, eine Mischung aus Schweinekopffleisch und Schwarte bzw. Backerl.
Auch Fisch gibt es auf oberbayerischen Wirtshaustischen, vorwiegend Forelle, Renke und Saibling, frisch oder geräuchert. Und im Rauch bzw. über Holzkohle gegart auch den auf Volksfesten begehrten, aufgespießten Steckerlfisch. Leberknödel sind

ebenso eine Spezialität – diesmal wirklich mit Leber –, häufig zu Kartoffeln und Sauerkraut serviert. Generationenübergreifend schmeckt das Hendl, ein gegrilltes Hähnchen.

So ein Schmarrn: Kaiserschmarrn
Nun wird es endlich süß, die jungen Esser können es sicher kaum erwarten. Dampfnudeln sind keine Nudeln, sondern ein luftiger Hefeteig, in Milch und Butterschmalz gedämpft, dazu gibt es Vanillesoße oder Kompott – dies auch zum Kaiserschmarrn, einem Eierkuchenteig mit Rosinen. Ebenso gern wird der Zwetschgendatschi von den Leckermäulern bestellt, ein Blechkuchen mit saftigem Zwetschgenbelag. Naschkatzen sind auch scharf auf bayerische Creme – der Pudding basiert auf Eigelb, Zucker und süßer Sahne, mit Gelatine versteift und mit Früchten serviert.

Die besten Durstlöscher
Bleibt noch der Durst. Bei Erwachsenen ist das Bier nicht zu schlagen, der beste Durstlöscher, den es gibt. Man sollte sich nicht auf Diskussionen einlassen, welche Marke die beste ist. Einig wird man sich schnell, wenn in einem Bräustüberl der frisch gebraute Gerstensaft aus einer Privatbrauerei ausgeschenkt wird, dazu gehören Haderner Bräu in Großhadern, Giesinger Bräu in der Martin-Luther-Straße 2, Paulaner Bräuhaus, Kapuzinerplatz 5, Richelbräu nahe Donnersbergerbrücke, Unionsbräu in Haidhausen und Airbräu im Flughafen. Bei großem Durst bestellen Wanderer lieber eine Radlermaß (Helles mit Zitronenlimonade) oder eine Russenmaß (Weißbier mit Orangenlimonade).

Echt bayerische „Wiaddschafdn“

SCHWEIZER HOF: eine traditionelle, rustikale Gaststätte mit Holzbänken und Biergarten in Pasing, mit bayerischen Schmankerln, spezielle Karte für Kinder bis 12 Jahre, von Kartoffelknödeln oder Spätzle mit Soße ab € 3 bis Jägerschnitzel mit Butternudeln oder Schweineschnitzel mit Pommes für € 5,90. Aufmerksamer, freundlicher Service. *Planegger Str. 14, 81241 München-Pasing, Tel. 089-88 18 40, www.schweizer-hof.net. Tägl. 9-24 Uhr.*

GASTHOF ZUM ALTEN WIRT VON OBERMENZING: mit altbayerischen Stuben, urigem Biergarten und Kinderspielplatz unter Kastanien; Hauptgerichte mit Beilagen unter € 10, für Kinder Wiener Schnitzel mit Pommes € 5,20, Schweinebraten mit Kartoffelknödeln € 4,80, Spätzle mit Rahmsoße € 3,80. *Dorfstr. 39, 81247 München-Obermenzing, Tel. 089-811 15 90, www.alter-wirt-obermenzing.de. Tägl. 9-24 Uhr.*

ZUM GRÜNEN BAUM: uriges Wirtshaus, großer Biergarten und Terrasse, deftige bayerische Küche, Hauptgerichte mit Beilagen € 10-14, aus der Kinderkarte: Knödel oder Spätzle mit Soße € 3,50, kleines Schnitzel mit Pommes oder Rostbratwürstl € 4,50. *Verdistr. 47, 81247 München, Tel. 089-81 08 93 14, www.gruenerbaum-muenchen.de. Tägl. 10-24 Uhr.*

2 KINDERFREUNDLICHE BADEPLÄTZE

Nur Kopf- und Nackenschutz fehlen noch

Badevergnügen drinnen und draußen

Badespaß in München wird das ganze Jahr über großgeschrieben. Im Sommer locken rund um die Stadt romantische (kostenfreie) Seen und inmitten der Stadt Freibäder mit allen bei Kindern beliebten Aktivitäten. Bei Regenwetter und in der kalten Jahreszeit strömen die Familien in Hallenbäder mit Sprungbrettern, Rutschen und sogar meterhohen Wellen. Alle hier erwähnten Schwimmstätten werden von Rettungsschwimmern überwacht, die Badeseen in der Regel von Mai bis September an Wochenenden und Feiertagen. Wie für Frei- und Hallenbäder gelten auch bei den Badeseen strenge Richtlinien für die Sauberkeit des Wassers: für die acht offiziellen Badeseen der Stadt München sowie für den Feringasee unter Zuständigkeit des Landratsamts.

Enten füttern verboten: Badedermatitis

Seen stellen einen idealen Lebensraum für Wasservögel dar und für Kinder gibt es nichts Schöneres, als die putzigen Enten zu füttern. Eltern sollten in diesem Punkt aber mäßigend auf ihren tierlieben Nachwuchs einwirken, denn je mehr Wasservögel in der Nähe von Badestellen siedeln, umso stärker wird das Wasser durch Vogelkot verunreinigt. Und das ist nicht nur eklig, es kann bei Badegästen sogar Hautkrankheiten wie die Badedermatitis verursachen. Dies ist ein gesundheitlich harmloser, aber lästiger, stark juckender Hautausschlag, der erst nach ca. 10 bis 20 Tagen abheilt. Verursacher sind Zerkarien, die Larven von Saugwürmern aus dem Kot von Wasservögeln, die in die Haut von badenden Menschen eindringen und dann dort absterben.
Das Risiko eines Zerkarienbefalls kann gemindert werden, wenn die nasse Badekleidung nach Verlassen des Wassers sofort abgelegt und der Körper mit einem Handtuch kräftig abgerubbelt wird. Schutz bietet auch das Einreiben mit wasserfesten Sonnencremes, sie erschweren den Larven das Eindringen in die Haut.

Langwieder See und Lußsee

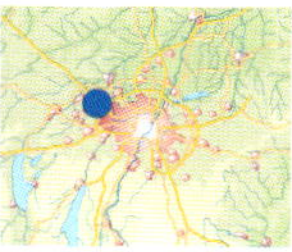

Beide Baggerseen liegen im Nordwesten Münchens auf der Langwieder Seenplatte, direkt an der A 8 nach Stuttgart, und sind fest in der Hand junger Familien. Jugendliche schätzen am schattenreichen **LANGWIEDER SEE** das Südufer mit großer Liegewiese, mehreren Volleyballfeldern, Fußballplatz, Kiosk und Grillzone. Auch die Wasserwacht mit Rettungsboot ist hier stationiert. Das Nordufer hat ebenfalls eine große Liegewiese, einen Kinderspielplatz sowie ein Hotel mit Restaurant und Selbstbedienungs-Biergarten. Am **LUSSSEE** eignet sich für junge Wasserratten das Nordwestufer mit flach abfallendem Kieselstrand, nebenan gibt es einen Kiosk mit Snacks und Eis, nördlich davon eine abgegrenzte Hundewiese. Das Nordufer zeichnet sich durch riesige Liegeflächen aus, hat neben zwei Spielplätzen ein Volleyballfeld und genügend Platz für Fußball, Federball oder Frisbee sowie zwei Grillzonen. Die Wasserwacht mit Rettungsboot ist im südlichen Teil stationiert. Ein drittes Gewässer, der **BIRKENSEE**, gehört den FKK-Anhängern.

ANFAHRT: *Gut erreichbar mit dem Fahrrad. Der Badebus fährt Mitte Mai-Mitte Sep bei schönem Wetter alle 20 Min. vom S-Bahnhof Lochhausen (Park-and-ride-Parkplatz).*

Regattaparksee

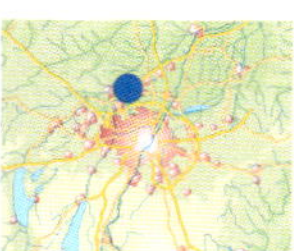

Von den schattigen Liegewiesen im Nord- und Westteil des Badesees fällt das Ufer zumeist flach ab, ideal für Kinder. Gute Schwimmer paddeln zur Badeinsel mitten auf dem See. Am Nordufer wachen die Rettungsschwimmer, hier hat auch ein Kiosk geöffnet. Auf dem Weg zur **OLYMPIA-REGATTAANLAGE** kann auf einem Freizeitgelände auf feinem Sand Volleyball gespielt werden, Mutige wagen dort an den Wochenenden einen Bungeesprung (in der Jochen Schweizer Arena, s. S. 101).

Wer schwimmen möchte, der findet Möglichkeiten im etwa 500 Meter langen Bereich vor der Tribüne, an deren südlichem Ende ein kleiner Strand aufgeschüttet ist (Kiosk gleich nebenan). Auf der übrigen Strecke des 2 Kilometer langen Beckens ziehen Ruderer und Kanuten ihre Trainingsbahnen.

ANFAHRT: *Mit der S 1 bis Oberschleißheim, dann zu Fuß. Mit dem Pkw A 92 Ausfahrt Oberschleißheim, an der Ampel auf die B 471 Richtung Dachau, nach 300 Metern Hinweis, großer Parkplatz an der Regattastrecke und am 200 Meter entfernten Badesee (Gebühr € 3 für Pkw).*

Die Dreiseen-platte

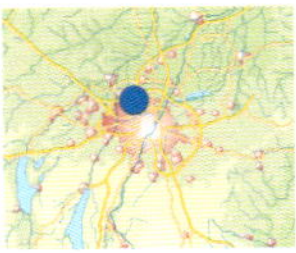

Stadtnähe zeichnet die drei früheren Baggerseen aus. Obwohl von 15-stöckigen Hochhäusern umrahmt, wird der **LERCHENAUER SEE** von aktiven Schwimmern geschätzt, denn das Wasser ist gleich in Ufernähe recht tief. Am Rande liegen schattige Wiesenplätze, am Südufer ein großer Grillbereich, Spielplatz und die Wasserwacht. Am Westufer befindet sich ein Seerestaurant mit Biergarten. Ideal für Familien und Nichtschwimmer ist der am Ufer abgeflachte **FASANERIESEE**. Wer sich sportlich betätigen will, findet am Westufer mehrere Volleyball- und Tischtennisplätze, eine große Wiese für Fußball, Federball oder Frisbee sowie einen kleinen Skatepark. Jogger und Radfahrer nutzen gern den knapp 2 Kilometer langen Rundweg. Die Wasserwacht liegt am Südufer, nordöstlich des Sees lockt ein kleines Restaurant mit Biergarten. Familien mit Kindern versammeln sich am **FELDMOCHINGER SEE** sehr gern am Ostufer mit Sandspielplatz und Minigolfanlage. Lebhaft geht es am Westufer mit Grillplatz, Volleyballfeld und Fitnessparcours zu. Wasserwacht und eine Gaststätte mit Biergarten liegen am Nordufer. Das Südufer gehört den Naturfreunden, die vom Aussichtstürmchen das eingezäunte Biotop beobachten, wo Blesshühner ihre Nester bauen und im seichten Wasser riesige Karpfen schwimmen.

Planschen im Fasaneriesee

ANFAHRT: *Öffentliche Verkehrsmittel für den Fasaneriesee S 1, Bahnhof Fasanerie, für den Lerchenauer See Metrobus 60, Haltestelle Lerchenauer See bzw. Max-Wönner-Straße, für den Feldmochinger See Bus 172, Haltestelle Feldmochinger See. Parkmöglichkeiten: für den Lerchenauer See an der Lassallestraße, für den Fasaneriesee an der Feldmochinger Straße (Höhe Schnepfenweg) und an der Lerchenauer Straße (gegenüber Vereinsheim der Spielvereinigung Feldmoching), für den Feldmochinger See an der Karlsfelder Straße (im Sommer kostenpflichtig).*

Erholsame Rast am Uferweg des Feringasees

Feringasee

Münchens größter künstlicher Badesee liegt im Gemeindegebiet von Unterföhring. Spaziergänger und Radfahrer schätzen den etwa 2 Kilometer langen Uferweg, Familien mit Kindern das Südufer mit einer durch Bojen abgetrennten Badezone. Fast alle schattigen Wiesen sind als Grillzone ausgewiesen. Hinter dem Kiosk mit Biergarten liegt eine den FKK-Anhängern vorbehaltene Halbinsel. Am lebhaften Ostufer gibt es Volleyballfelder, Wiesen für Fußball, Federball und Frisbee sowie Sandgruben und Spielplätze für Kinder. An einigen Stellen wurden Sandstrände aufgeschüttet, die übrigen steinigen Strände fallen ziemlich flach ab, ein sicherer Planschplatz für Nichtschwimmer. Ein ganzjährig geöffnetes Restaurant und zwei Kioske, jeweils mit Biergarten, sowie ein begehrtes Eismobil ergänzen das Angebot. Das Nordufer ist Wassersportzone mit Windsurfclub und Rettungsstation sowie Kiosk. Einen behindertengerechten Einstieg und Toiletten gibt es am Südoststrand. Auch diesem See wird gute Wasserqualität bescheinigt. Jedoch wurde zur Zeit der Recherche auf das gelegentliche Vorkommen von Zerkarien (Badedermatitis, s. Kasten S. 16) hingewiesen. Über den aktuellen Stand der Sauberkeit kann man sich bei der Gesundheitsbehörde des Landratsamts erkundigen (s. Kapitel „München für Eltern und Kinder", Kasten S. 10)

ANFAHRT: *Die S-Bahn-Station Unterföhring (S 8) liegt knapp 1 Kilometer entfernt, der Isarradweg ist gut ausgeschildert. Mit dem Auto über die Autobahn A 99, Ausfahrt Aschheim/Ismaning und die Kreisstraße M 3; im Sommer lange Schlangen vor den Parkplätzen (von Ostern bis Ende Oktober € 3 für Pkw).*

Baden an der Isar

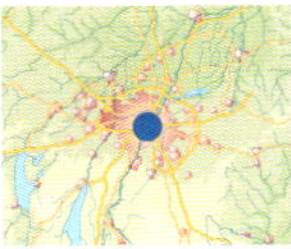

Mitten in der Stadt in Badekleidung Sonne tanken, das ist in der Metropole an der Isar möglich. Der Flaucher ist wohl der bekannteste Isarstrand Münchens (mit der U 3 bis Station Tierpark Hellabrunn). Seine Beliebtheit ist auch ein Nachteil: Vor allem im Sommer ist er überlaufen und in eine riesige Grillrauch-Wolke gehüllt. Doch es gibt einige Gefahrenstellen an der Isar. Auch wenn die Einheimischen sie nicht beachten, Gäste sollten den offiziellen Empfehlungen der Stadt folgen: Nicht baden sollte man im Süden der Isar von der Großhesseloher Brücke bis zur Braunauer Eisenbahnbrücke auf beiden Seiten. Danach bis zur Reichenbachbrücke auf der östlichen Seite. Wegen Gefahrenstellen ist das Baden rund um die dazwischen liegende Wittelsbacherbrücke verboten, erlaubt wieder 200 Meter nach der Max-Joseph-Brücke bis 200 Meter vor dem Oberföhringer Wehr. Im Isarkanal darf man von der Marienklause bis zur Thalkirchner Brücke schwimmen.

Die Isar bietet viele romantische Kiesplätze für Wasserspiele und Sonnenbaden

Einer der vielen Badeplätze zwischen Ammerland und Ambach

Strände in Ammerland und Ambach

FÜNFSEENLAND nennt man die zum Alpenvorland gehörige oberbayerische Region zwischen Ammersee und Starnberger See. Ein Paradies, teils mit Bergpanorama, für all jene, die gern in natürlichen Badeseen ihre Bahnen ziehen.
Am Ostufer des Starnberger Sees, in der Gemeinde Münsing, liegt das Erholungsgebiet Ammerland, an das sich im Süden das Freizeitgelände von Ambach anschließt. Beide Gebiete zusammen bilden am See die größte unverbaute Uferstrecke, mit schattigen Wäldern, unzähligen kleinen Badeplätzen, zum Teil mit Wiesen, meist mit sanftem Einstieg, manchmal gibt es Stege als Einstieghilfe. Wenn auch in der Hauptsaison Scharen von Familien diese Romantik suchen, ein Plätzchen ist immer zu finden und auf den Parkplätzen haben mehr als 2.000 Fahrzeuge Platz. Freier Eintritt, Parkgebühren im Sommer.

ANFAHRT: *Zum Erholungsgebiet Ammerland auf der A 95 bis Ausfahrt Wolfratshausen, dann nach Münsing und westwärts zum See bis Ammerland; für Ambach die Ausfahrt Seeshaupt nehmen, an der Ausfahrt rechts bis Sankt Heinrich, dort an der Kreuzung wieder rechts, dann 2,8 Kilometer am See entlang und schließlich rechts in die Einfahrt des Freizeitgeländes abbiegen.*

Strandbad Feldafing

Der größte und beliebteste Badeplatz liegt in Feldafing und ist Teil der einstigen Parkanlage des Sisi-Schlosses (s. Tour 10, S. 82). Wohlfühl-Garanten für Familien mit Kindern sind der flache Einstieg, die großen Liegewiesen, ein Kinderspielplatz, ein Beachvolleyballfeld, mehrere Badestege und historische Holzkabinen, ein beaufsichtigter Nichtschwimmerbereich mit Wasserrutsche sowie das nahe Restaurant (s. Kasten r.). Badegäste können am Tresen des Restaurants Pizza, Pommes und Getränke in Plastikgeschirr abholen und am Strand verzehren. Weil das Gelände vom Strandbad-Restaurant verwaltet wird, kostet der Badbesuch Eintritt: Erw. € 2,50, Kinder (6-17 J.) € 1,50 (Kontakt s. oben).

Preiswert und gut speisen

Direkt am Strandbad Feldafing liegt ein Restaurant mit Terrasse, das die Badbesucher lecker und günstig versorgt, z. B. Pizza ab € 5,10, Currywurst mit Pommes € 6,90, Pommes solo € 3,10, Fleischpflanzerl mit Kartoffelsalat € 6,90, Wurstsalat mit Brot € 6,50, Obazda mit Brezn € 4,90, Crêpe ab € 3,50. Speziell für Kinder: Pfannkuchen mit Nugatcreme € 4,90, Reiberdatschi mit Apfelmus € 5,90, Hähnchen-Nuggets mit Pommes € 6,50, Eiskugel € 1,20, Eisbecher ab € 4,90.

STRANDBAD FELDAFING,
Königinstr. 4, 82340 Feldafing, Tel. 08157-82 00, www.strandbad-feldafing.de. Tägl. 9-22, Winter ab 10 Uhr, Nov-April Mo/Di geschl.

Nichtschwimmerbereich mit Wasserrutsche in Feldafing

ANFAHRT:
Die S-Bahnhöfe Feldafing und Possenhofen sind zu Fuß in ca. 20 Min. erreichbar; mit dem Auto ab Starnberg am Westufer entlang über Possenhofen. Es gibt nur wenige kostenfreie Parkplätze.

Außer dem Seebad hat Starnberg noch begehrte historische Bootshäuser

Das Seebad in Starnberg

Ein Steg führt im Wasserpark Starnberg in den See, ein Stück weiter draußen liegt eine Badeinsel vertäut. Auf der großen Liegewiese gibt es ein beheiztes Babybecken, Tischtennis, Boccia und einen Biergarten. Falls es regnet oder im Winter geht's ins renovierte **SEEBAD STARNBERG**: Es bietet ein Sportbecken mit Sprungbrettern (1 und 3 Meter), Mehrzweckbecken, Whirlpool, einen komplett erneuerten Familienbereich mit Rutschen und einem Kleinkinderbecken sowie einen Schiffchenkanal zum Spielen, zwei Sprudelbecken, Solarien und Sauna. Und immer hat der Badegast einen herrlichen Panoramablick auf den See und die Alpen, auch vom erweiterten Gastrobereich aus.

SEEBAD STARNBERG, *Strandbadstr. 5, 82319 Starnberg, Tel. 08151-126 66, www.wasserpark-starnberg.de. Wegen verzögerten Umbaus standen die Öffnungszeiten zu Redaktionsschluss noch nicht fest, hier die bisherigen: Hallenbad ganzjährig Mo 10-17, Di-Fr 13-21, Sa/So 8-20 Uhr. Erw. € 4, Kinder (4-18 J.), Studenten u. Rentner € 2,50. Strandbad Anfang Mai-Mitte Sep Mo-Fr 9-20, Sa/So 8-20 Uhr. Erw. € 3, Kinder, Studenten u. Rentner € 2.*
ANFAHRT: *Mit dem Auto von München kommend erste Ampel links, nach ca. 100 Metern ist rechts das Seebad bereits zu sehen, großer Parkplatz direkt gegenüber, Parkgebühren werden mit dem Eintritt zurückerstattet. Alternativ: mit der S 6 bis Bahnhof Starnberg, dann 10 Min. zu Fuß nach Süden am See entlang.*

Seewinkel in Herrsching am Ammersee

Das Strandbad Seewinkel in Herrsching hat eine besondere Geschichte: Ein Privatmann vererbte einst den Park der Gemeinde mit der Auflage, dass alle Besucher freien Eintritt haben müssen. Davon profitieren Badegäste noch heute. Auf der großen Liegewiese finden kleinere Kinder ihren Spielplatz, die größeren spielen Beachvolleyball oder Boccia, mutige Schwimmer stürzen sich vom Sprungturm am Badesteg. Der Einstieg in den Ammersee ist vom Kiesstrand aus sanft, sanitäre Anlagen und Kabinen sind vorhanden, in der geselligen Chill-out-Bar mit bequemen Sesseln und Couches am Strand gibt es warme Gerichte, Snacks und Eis.

Oberbayerns Fünfseenland

Außer **STARNBERGER SEE** und **AMMERSEE** gehören zum Fünfseenland der Wörthsee, der Pilsensee und der Weßlinger See. Der **WÖHRTHSEE** ist bei Familien beliebt wegen seinen Liegewiesen mit Schatten spendenden Bäumen, fast jeder größere Badeplatz hat einen Kiosk. Südlich davon liegt der **PILSENSEE**, im Osten mit kleinem ausgebautem Ufer, Kiosk mit kleinem Biergarten, Sandspielplatz und Tischtennis sowie 11 Kilometer langem Rundweg. Der kleine **WESSLINGER SEE** ist im Sommer recht überlaufen, baden kann man am Ostufer an einem idyllischen Wiesenstreifen mit Kiosk. Die dekorative Wasserfontäne in der Seemitte dient der Tiefwasserbelüftung und der Reinheit des Wassers.

Segel setzen am Ammersee

SEEWINKEL HERRSCHING, *Keramikstr. 1, 82211 Herrsching am Ammersee, Tel. 08152-904 03 77, www.strandbad-herrsching.de. Mai-Sep 10-23 Uhr. Eintritt frei.* **ANFAHRT:** *Von München mit der S 5 zum Bahnhof Herrsching, ca. 3 Min. zum See, rechts vom Dampfersteg noch einmal 2 Min. auf der Promenade entlang, vorbei am Kurparkschlössl.*

Therme Erding

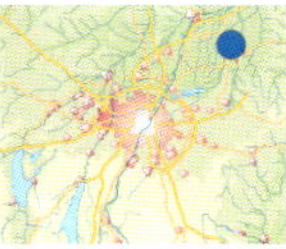

Die Größte, die Schnellste, die Vielfältigste: Für die ganze Familie findet sich etwas im gigantischen Angebot der Therme Erding, deren Heilwasser aus einer Tiefe von 2.350 Metern stammt und sich hervorragend zur Regeneration von Muskelverspannungen etc. eignet. Sich im warmen Wasser erholen, auf Sprudelliegen die Muskeln lockern, mit den Kleinen im Kinderpool spielen, mitmachen bei der Wassergymnastik oder im Sommer bei geöffnetem Glasdach unter Palmen die Sonne genießen – all das ist Teil des Thermenparadieses.
In der warmen Jahreszeit setzt sich der Spaß draußen fort mit drei weiteren Pools, Sandstrand, Abenteuerspielplatz, Beachvolleyball, vier Rutschen, Hüpfkissen und Tretbootfahren auf einem der Naturseen. Saunafans (ab 16 J.) finden ein weiteres Paradies mit 25 thematischen Varianten, darunter eine Dschungel-Lodge-Sauna und ein Regenwald-Dampfbad.
Am Nachmittag, die jungen Wilden können es kaum mehr erwarten, öffnet um 14 Uhr (am Wochenende schon morgens) Galaxy seine Pforten, Europas größte Rutschenwelt mit 26 „galaktischen" Hightech-Bahnen. Das bedeutet Spaß und Action auf 2.500 Metern bei Geschwindigkeiten von bis zu 72 Stundenkilometern (ab 14 J.). Für die, die es eher langsamer mögen, und für kleinere Kinder gibt es gemütliche Familienrutschen.

In der Therme Erding gibt's auch „zahme" Kinderrutschen

THERME ERDING, *Thermenallee 2, 85435 Erding, Tel. 08122-55 00, www.therme-erding.de. Thermenparadies und Saunaparadies tägl. 10-23, Sa/So u. bayerische Ferien 9-23 Uhr, Galaxy Mo-Do 14-21, Fr 14-23, Sa/So u. bayerische Ferien 9-23 Uhr. Bis 3 J. frei, dann Tageskarte für Thermenparadies € 32, 2 Std. € 17, Galaxy 2 Std. € 18, 4 Std. € 24, Tageskarte € 33.*
ANFAHRT: *Die verschiedenen Möglichkeiten sind auf der Website der Therme aufgeführt, siehe dort unter „Anfahrt".*

Frei- und Hallenbad Westbad

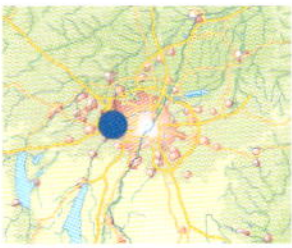

Im Westbad können Wasserfreunde bis 23 Uhr Bahnen ziehen und sich im Strömungskanal treiben lassen. Die Jüngeren werden in der Halle entweder im großen, von Palmen umsäumten Erlebnis- und Nichtschwimmerbecken nach Herzenslust planschen oder jubelnd auf den Rutschen abwärts sausen, die Älteren im 25-Meter-Sportbecken mit kräftigen Schwimmzügen ihre Ausdauer trainieren. Spätestens in den zwei großen Whirlpools finden sportbegeisterte und freizeitorientierte Badegäste zum gemeinsamen Entspannen zusammen. Wem das Treiben in der großen Halle zu hektisch ist, der kann auf das ganzjährig auf 34 Grad erwärmte Solebecken im Freien ausweichen. Dort stehen drei Schwimmbecken sowie ein Babyplanschbecken zur Wahl, die mutigen Wasserratten wagen Sprünge vom 1- und 3-Meter-Sprungturm, Spiel und Spaß gibt es im großen Erlebnisbecken mit Wasser- und Matschbereich oder auf der 74 Meter langen Edelstahl-Rutsche. Danach warten grüne, weitflächige Liegewiesen mit kühlem Schatten oder ein Sonnenbad im FKK-Bereich. Freunden des Ballsports stehen zwei Beachvolleyballfelder zur Verfügung, bei Durst und Hunger wartet ein Kiosk mit Biergarten. Das Westbad verwöhnt seine Gäste in der offenen Saunalandschaft auch mit verschiedenen Aufgüssen und einem Dampfbad.

Höhepunkt im Westbad: die 74 Meter lange Edelstahl-Rutsche

WESTBAD, *Weinbergerstr. 11, 81241 München-Pasing-Obermenzing, Tel. 089-23 61 50 50. Hallenbad tägl. 7.30-23 Uhr. 4 Std. Erw. € 13,40, Kinder (6-14 J.) € 8,60. Freibad Mai-Aug Mo-Do 10-19, Fr-So/Feiertage 9-19, Sep ab 10 Uhr. Erw. € 4,30, Kinder € 3.*
ANFAHRT: *Bus 57 oder Tram 19, Station Westbad.*

Anna und Pauline genießen das Ozean-Feeling im Wellenbad

Cosima-wellenbad

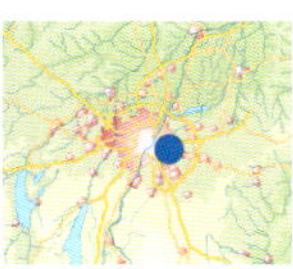

Der schönste Münchner Badehit für Action-Fans ist wohl das Cosimawellenbad in Bogenhausen.
Von Dienstag bis Sonntag rauscht zur vollen Stunde 15 Minuten lang eine mächtige Welle durch das 35 mal 16 Meter große Becken.
Mit Gebrüll stürzen sich jugendliche Badefans in die heranbrausende Woge, Fortgeschrittene hüpfen vom 1-Meter-Sprungbrett in die Ozean-Imitation. In der Ruhezeit vergnügen sich Nix und Nixe im großen Kinderbereich mit Wasserigel und Rutsche oder sie suhlen sich auch bei Kälte im kleinen Warmwasser-Außenbecken, das von der Indoor-Halle bequem über einen Schwimmkanal zu erreichen ist.

COSIMAWELLENBAD,
Cosimastr. 5, 81925 München, Tel. 089-23 61 50 50. Tägl. 7.30-23 Uhr, Wellenbetrieb Di-Do 14-18, Fr 13-20, Sa/So/Feiertage 10-20 Uhr. Erw. € 4,80, Kinder (6-14 J.) € 3,50, Familienticket (Kinder bis 14 J.) € 17,70, im Winter Zeitbegrenzung auf 3 Std.
ANFAHRT: *Tram 16, Bus 154, 183 und 184, Haltestelle Cosimabad, U 4, Bus 185 und 187, Haltestelle Arabellapark.*

Naturbad Maria Einsiedel

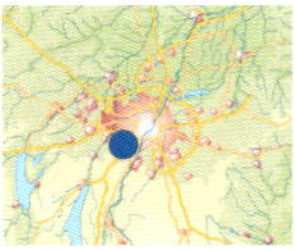

Die Idylle liegt mitten in einem Park, auf 400 Metern fließt der Isarkanal durch die Anlage, das Badewasser wird biologisch aufbereitet, ganz ohne Chlor und chemische Zusätze. Im Bio-Paradies gibt es zwei beheizte Becken, eines davon für Nichtschwimmer. Für Warmduscher weniger geeignet ist das kühle Nass des Kanals, für Seepferdchen gibt's ein Planschbecken mit angrenzender Spielzone, für Damen und Familien einen abgetrennten FKK-Bereich, für alle eine große Liegewiese mit alten Bäumen.

NATURBAD MARIA EINSIEDEL, *Zentralländstr. 28, 81379 München, Tel. 089-23 61 50 50. Mai-Sep Mo-Do 10-19, Fr-So/ Feiertage 9-18 Uhr. Erw. € 4,30, Kinder (6-14 J.) € 3, Liegestuhl € 3/Tag.*

Ohne Chlor badet man im Naturbad

Der Hunger nagt

Empfehlenswerte Adressen unweit des Naturbades Maria Einsiedel sind:

ASAM-SCHLÖSSL
Maria-Einsiedel-Str. 45, 81379 München, Tel. 089-723 63 73, www.asamschloessl.de. Tägl. 11-24 Uhr, Küche bis 22 Uhr. „Schlössel-Brotzeit" ab € 5, Spaghetti mit Tomatensoße € 6,80 (s. Tour 4, S. 55).

Etwas weiter entfernt:

BELLA ROMA,
Theodolindenplatz 1, 81545 München, Tel. 089-64 66 25, www.ristorante-bella-roma.de. Tägl. 11.30-23.30 Uhr. Fleischgerichte ab € 14, Reisgerichte ab € 8,50, Pasta ab € 6,50. Für Kinder Pizza oder Pasta € 5,50, Schnitzel mit Bratkartoffeln € 8.

ANTICA TRATTORIA NUOVA,
Braunstr. 6, 81545 München, Tel. 089-642 66 66, www.antica-trattoria-nuova.com. Di-So 11.30-24 Uhr. Mittagsmenü ab € 8,50, Suppe ab € 5, Pizza ab € 6,50.

ANFAHRT: *U 3, Bus 135, Station Thalkirchen (Tierpark), Bus 134, Station Rupert-Mayer-Straße, Bus 135, Station Bad Maria Einsiedel oder Floßlände.*

Weitere Hallenbäder der Stadtwerke München finden Sie unter www.swm.de/privatkunden/ m-baeder.html.

3

ZEHN TOUREN, DIE ALLEN SPASS MACHEN

Tour 1: Über den Dächern der Isarmetropole

ALTER PETER • NEUES RATHAUS • FRAUENKIRCHE • BAVARIA • OLYMPIATURM • FRIEDENSENGEL

WO: *rund um Münchens Zentrum* – **WIE:** *zu Fuß, teils mit der S-Bahn* – **DAUER:** *Tagestour* – **NICHT VERGESSEN:** *Sonnenschutz, bequeme Schuhe, 50-Cent-Münze, , Fernglas, Kamera*

Das in einer Ebene liegende München bietet genügend „Höhepunkte", um aus verschiedenen Perspektiven Stadtbild und Hinterland zu genießen. Dafür bieten sich nicht nur Kirchtürme an, auch moderne Architekturspitzen tasten sich an die Wolken heran und sogar edle Frauenstatuen weisen den Weg zu Panoramaerlebnissen: Einen Superblick kann man zu Füßen des Friedensengels genießen und der bronzenen Bavaria darf man sogar in den Kopf steigen.

Singles-Trost und Alpenblick

Start für den Griff in Münchens weißblauen Himmel ist der Marienplatz. Südlich von ihm ragt ein auf einen Obelisken gesetztes Papstkreuz mit drei Querbalken über den Viktualienmarkt. Es markiert Münchens älteste

Blick vom Alten Peter auf Frauenkirche und Neues Rathaus

Schlemmen über den Dächern

Pasta genießen oder ein Wok-Gericht am Tisch zubereiten lassen, das ist bei Oberpollinger über den Dächern der Stadt möglich. Ab 9 Uhr gibt es dort sogar ein Frühstücksbuffet. Und Leckermäuler bekommen im 5. Stock auch exotische Schokolade, Pralinen oder bayerische Schmankerl aus Marzipan. In der Adventszeit befindet sich hier der höchste Christkindl-Markt Münchens.
LEBUFFET, *bei Oberpollinger, Neuhauser Str. 18, 80331 München, Tel. 089-29 02 38 97, www.lunchtime.de. Mo-Sa 10-20 Uhr. Parkhausaufzug in der Herzog-Max-Straße.*

dermarkt 1, 80331 München. Mo-Fr 9-18.30, Sa/So 10-18.30, im Winter bis 17.30 Uhr. Erw. € 3, Kinder (6-18 J.) € 1, Studenten € 2]. Die Singles unter den Besuchern streben zuerst einmal zum linken Mittelschiff der barocken Kirche. Dort betrachten sie den mit Gold verzierten gläsernen Sarg, in dem das Skelett der Heiligen Munditia ruht. Sie gilt als Patronin alleinstehender Frauen, der gruselige Anblick (s. Tour 5, S. 58) soll angeblich helfen, einen Mann zu finden. Atemlos erklimmt Jung und Alt das Treppenhaus, vorbei an der Glockenstube mit einem Siebener-Geläute, und erreicht nach 306 Stufen die Aussichtsplattform. Schwuppdiwupp haben neugierige Knirpse die Teleskope besetzt (50 Cent!). Was für ein Blick! Bei Föhn sind vom 91 Meter hohen Turm sogar die Alpen zu sehen. Insgesamt ein perfekter Standpunkt, um mit klarem Kopf zu planen, wie der Rundgang über Münchens Dächer ablaufen soll. Doch halt: Zuerst sollte man sich genügend Zeit nehmen, um die reich bestückte Fassade des fast 100 Meter langen Regierungssitzes der Stadt zu bewundern. Fast alle Mitglieder des Wittelsbacher Herrscherhauses wurden hier in Stein verewigt, auch der Stadtgründer, der Welfenherzog Heinrich der Löwe. Er steht weit oben

München und der Vatikan

Der **ALTE PETER**, auch ein Wahrzeichen von München, erinnert im Namen und in der Architektur an den Petersdom in Rom. Merkmal ist unter anderem auf der Turmspitze das Papstkreuz mit drei Querbalken anstelle von einem bei lateinischen bzw. zwei Querbalken bei erzbischöflichen Kreuzen. Auch der Obelisk unter dem Kreuz ist ein Pendant zum Petersplatz in Rom. Die Figur des heiligen Petrus im Hochaltar trägt eine Tiara, die Papstkrone. In der Zeit zwischen dem Tode und der Neuernennung eines Papstes (Sedisvakanz) wird sie abgenommen und erst nach der Neuwahl des Pontifex wieder aufgesetzt. München hat also eine eigene Papstkrönung.

am Turm, von der Plattform des Alten Peter sieht man ihn fast auf Augenhöhe zwischen Uhr und Glockenspiel (zusammen mit drei Nachfolgern).

Zum Münchner Kindl und den Welschen Hauben

Hinauf auf die Zentrale der weltlichen Macht geht es, diesmal weniger Kraft erfordernd, mit einem Lift, und zwar zur Aussichtsgalerie des 85 Meter hohen Turms am **NEUEN RATHAUS** *[Marienplatz 8, 80331 München. Mai-Sep tägl. 10-19, Okt-April Mo-Fr 10-17 Uhr. Erw. € 2,50, Kinder (6-18 J.) € 1].* Hier oben sind die Besucher Münchens Wahrzeichen recht nah, dem auf der Turmspitze jonglierenden, schwindelfreien Münchner Kindl. Wer nach unten schaut, sieht auf das Ameisengewimmel der Touristen aus aller Welt, die vor allem zu bestimmten Uhrzeiten gebannt auf den Spielwerkserker blicken: um 11 und 17 Uhr, von Mai bis Oktober zusätzlich um 12 und – kaum bekannt – um 21 Uhr (s. Tour 5, S. 59). Dort werden anhand von 32 Figuren zwei Szenen aus der Stadtgeschichte nachgespielt. Oben wird man Zeuge eines Ritterturniers aus dem Jahr 1568, in der unteren Etage tanzen die Schäffler (Fassbinder) nach den Melodien von 43 Glocken – der Rathausturm beherbergt Deutschlands größtes Glockenspiel. Vom Turm aus gibt es einen herrlichen Rundumblick. Im Süden

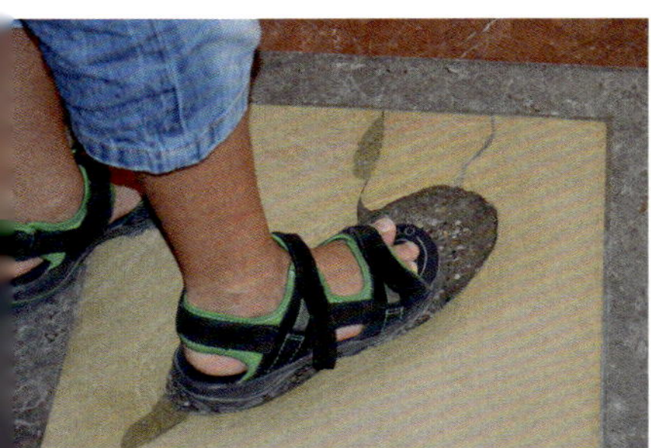

Teufelstritt in der Frauenkirche

Dem Teufel ein Schnippchen geschlagen

In der Eingangshalle zur Frauenkirche stellen sich die jungen Besucher gern ahnungslos auf einen schwarzen Fußabdruck. Hinterher bekommen sie einen roten Kopf, denn die Geschichte dazu geht so: Der Baumeister Jörg Ganghofer hatte dem Teufel, damit dieser beim Bau mithilft, die Seele des ersten Kirchenbesuchers versprochen. Am Tag der Einweihung wollte der Satan den zugesagten Lohn abholen. Doch der schlaue Architekt lehnte ab, habe der Teufel doch gepfuscht, weil in der ganzen Kirche keine Fenster zu sehen wären. Probiert es aus: Genau an der markierten Stelle verdecken Säulen den Blick auf die Fenster. Der Höllenmeister stampfte wütend auf den Boden und hinterließ den Teufelstritt. Er verwandelte sich tobend in einen Wind, der angeblich heute noch rund um die Frauenkirche tosen soll. Nachtrag: Das heute vom schwarzen Fleck aus sichtbare Kirchenfenster hinter dem Chor war zu Zeiten des Teufels von einem hohen Altar verdeckt.

sind die Alpenkette, der Alte Peter, die Heilig-Geist-Kirche, das Alte Rathaus und das Talburgtor zu sehen. Im Norden entdecken die Turmbesteiger die Theatinerkirche und den Olympiaturm, im Westen die Kirche St. Paul. Und ganz nah lockt das Wahrzeichen von München, die markanten Türme mit den sogenannten Welschen Hauben, zum Besuch der **FRAUENKIRCHE** *[Frauenplatz 1, 80331 München. Tägl. 7.30-20.30, Turm April-Okt 10-17 Uhr. Eintritt frei, Umbauarbeiten bis Ende 2018 beabsichtigt]*. Der Panoramablick vom einzig begehbaren südlichen Turm ist berauschend und auch in Zukunft unverbaubar, denn die Stadtverwaltung hat angeordnet, dass kein Gebäude höher sein darf als die Türme der Frauenkirche (s. auch Tour 2, S. 43). Der Aufstieg im Südturm führt über eine schmale Treppe mit 86 Stufen zum Fahrstuhl, dessen Wärter mit Anekdoten die Zeit verkürzt, manchmal auch mit einer teuflischen Sage (s. Kasten S. 32).

Der Bavaria lässt sich in den Kopf steigen

Im Kopf der Bavaria und auf Münchens höchster Spitze

Das nächste Ziel ist die Theresienwiese, der Platz für das Oktoberfest. Überragt wird das Geschehen von Münchens größtem Madl, der 18,52 Meter hohen weltlichen Patronin Bayerns, der bronzenen **BAVARIA** *[Theresienhöhe 16, 80339 München. April-Mitte Okt tägl. 9-18, Oktoberfest bis 20 Uhr. Erw. € 3,50, Kinder (bis 18 J.) frei]*. Das beliebte Fotomotiv wurde zwischen 1843 und 1850 im Auftrag von Ludwig I. vom Münchner Künstler Ludwig Schwanthaler entworfen. Kunstvoll konstruierte er eine Wendeltreppe, sodass man der begehrten Dame sogar in den Kopf steigen kann. Dort ist es zwar sehr beengt, aber der Blick verdrängt die Platzangst. Die Jüngsten müssen die letzten steilen Stufen hochgeschoben werden, dann können sie auf Polsterbänkchen ruhen – na ja, das täuschende Polster ist aus Bronze. Nach dem Abstieg – Vorsicht, Gegenverkehr – erholen sich alle im nahen Bavariapark (s. Kasten S. 34). Oder sie staunen in der nebenan erbauten **RUHMESHALLE**, wie viele Berühmtheiten Bayern aufzuweisen hat. Knapp 100 Büsten sind hier aufgereiht, vom Schriftsteller Ludwig Thoma über Komponist Carl Orff und Maler Albrecht Dürer bis zum Brauer Joseph Pschorr.

Höher geht's nimmer

Nicht zu überbieten ist der Ausblick über die gesamte Isarmetropole von den zwei Aussichtsplattformen des samt Antenne 291,28 Meter hohen **OLYMPIATURMS** *[Olympiagelände,* *tägl. 9-24 Uhr, letzte Lift-Auffahrt 22.30 Uhr. Erw. € 7, Kinder (unter 6 J.) frei, Familienkarte (Kinder bis 16 J.) € 18, mit Dreh-Restaurant und Rockmuseum]*. Der erste Blick gilt der sensationellen Zeltdachkonstruktion, die transparent und leicht über dem Stadion, der Sporthalle und der Schwimmhalle zu schweben scheint.

Spielen hinter dem Rücken der Bavaria

Viel Platz zum Herumtollen und Ballspielen gibt es im hinter der Bavaria lockenden, frei zugänglichen **BAVARIAPARK**. Die Wege eignen sich für Kinderwagen, die große Wiese und der Spielplatz zum fröhlichen Toben, der Waldrand zum Ruhen im Schatten. Neugierige Kinder suchen zwischen den Bäumen die wunderschönen Steinskulpturen: den starken Herkules, der einen widerspenstigen Stier zähmt (Symbol der Kraft), den Jüngling auf einer korpulenten Seekuh (Reichtum), die junge Frau, die versucht, sich an der Mähne eines wilden Pferdes festzuhalten (Fantasie), die Dame mit wallendem Haar und einem Spiegel in der Hand (Schönheit), die liegende Quellennymphe oder den stattlichen Bronzehirsch. Übrigens: Den Mitte des 19. Jahrhunderts als „Theresienhain" angelegten Park durfte lange Zeit nur König Ludwig I. betreten.

Blick vom Olympiaturm

Wer schwindelfrei ist, der kann sogar über das 74.800 Quadratmeter große, an 58 Stahlmasten hängende Wunderwerk des Stadiondaches klettern (s. „Attraktionen", S. 94). Auf der dachfreien Fläche rund um den Coubertinplatz siedeln sich vor allem im Sommer Buden und Fahrgeschäfte zu einem wahren Volksfest an. Mehr Ruhe und Spielfläche für lebhafte Kinder bieten im Süden die Hügel und Seen der Landschaft, die bis hoch zum Ausguck auf den Olympiaberg reicht, hinter dem sich sogar ein uriger Biergarten versteckt (s. Kasten S. 35).

Friedensengel über Münchens Dächern

Weiter im Osten, südlich von Schwabing, grüßt jenseits der Isar am Ende der prächtigen Prinzregentenstraße das 38 Meter hohe **FRIEDENSDENKMAL**, eine Erinnerung an 25 Jahre Frieden nach dem Deutsch-Französischen Krieg von 1870/71. Es besteht aus der Korenhalle (7 Meter), der Korinthersäule (23 Meter) und dem 6 Meter hohen, goldglänzenden **FRIEDENSENGEL**. Wer gute Augen oder ein

Zweimal deftig futtern

WIRTSHAUS AM BAVARIAPARK: Preiswerte Wirtschaft mit vorwiegend bayerischer Küche, freundlicher Service. Im SB-Bereich des Biergartens kann mitgebrachtes Essen verzehrt werden. Im Restaurant sehr günstiger Mittagstisch (Mo-Fr 11-15 Uhr), z. B. Bierkutschergulasch mit Serviettenknödel und Speckkrautsalat € 7. Für Kinder Pasta, Knödel oder Spätzle mit Soße € 4, 3 Fischstäbchen mit Kartoffelstampf € 5,20, „Räuber-Teller": einfach von den Eltern räubern € 0. Im Sommer wird auf dem Spielplatz gebastelt (So 13-16 Uhr, € 2). *Theresienhöhe 15, 80339 München (neben der Bavaria), Tel. 089-45 21 16 91, www.wirtshaus-am-bavariapark.com. Tägl. 11-23 Uhr.*

OLYMPIA-ALM: Uriger Biergarten trotz des grantigen Service, Selbstbedienung außer Speisen vom Grill, schöne Lage in den Olympia-Hügeln, Wiese zum Toben für Kinder. Auf der Karte u. a. 7 Nürnberger Bratwürstl mit Sauerkraut oder 2 Fleischpflanzerl mit Kartoffelsalat je € 7, Pommes solo € 3,50. *Martin-Luther-King Weg 8, 80809 München (südlich des Sees auf dem Olympiaberg), Tel. 089-300 99 24. Tägl. 12-22 Uhr.*

Fernglas hat, entdeckt in der rechten Hand der Siegesgöttin einen Ölzweig, Sinnbild für Frieden, in der linken ein Abbild der Göttin Athene, zuständig für Kampf und Weisheit. Nach so viel Symbolik ist der Blick von der Aussichtsterrasse auf die Prinzregentenstraße mit dem Haus der Kunst, dem Bayerischen Nationalmuseum und dem Prinz-Carl-Palais eine Erholung. Und schon rennen die Kinder die Treppen hinab zum Springbrunnen, dessen Wasserfontäne von vier auf Delfinen reitenden Putten umrahmt wird – ein lustiger, viel fotografierter Abschluss der grünen, königlich-bayerischen Maximiliansanlagen. Jedes Jahr Ende Juli findet rund um den Brunnen das Friedensengelfest mit Livemusik und Bewirtung statt.

Der Friedensengel in 38 Meter Höhe

Tour 2: Witzbolde, Märchen und Brunnen

MARIENPLATZ • ST. PETER • VIKTUALIENMARKT • JAKOBSPLATZ • SENDLINGER TOR • HERZOG-WILHELM-STRASSE • STACHUS • NEUHAUSER STRASSE UND KAUFINGERSTRASSE • FRAUENKIRCHE • THEATINERKIRCHE • PLATZL

WO: *im Zentrum Münchens* – **WIE:** *zu Fuß* – **DAUER:** *2-3 Stunden* – **NICHT VERGESSEN:** *leichte Straßenschuhe, Kamera, Notizblock, 50-Cent-Münzen*

Freunde am Treffpunkt Fischbrunnen

Bayerns Hauptstadt bietet nicht nur Sehenswürdigkeiten, Weißwürst mit Brezn und Shoppingmeilen, die Stadt an der Isar hat auch ein Herz für Kinder. Vor allem in den Sommerferien bleibt kein Tag ohne Spiel und Spaß, bei schlechtem Wetter gibt's Familienprogramme in vielen Museen.
Auch die Ruhezonen wie der riesige Englische Garten und die vielen Biergärten – die auch Limogärten sind – sorgen für Erfrischung und gute Laune. Über alle Sehenswürdigkeiten informieren die Broschüren der **INFORMATIONSÄMTER** *[Tourismusamt München, im Hauptbahnhof, Bahnhofplatz 2, 80335 München (Mo-Sa 9-20, So/Feiertage 10-18 Uhr), und im Neuen Rathaus am Marienplatz, Tel. 089-23 39 65 00 (Mo-Fr 9.30-19.30, Sa 9-16, So/Feiertage 10-14 Uhr), www.muenchen.de].*

Mehr Kies in den Taschen: Geldbörse waschen

Startpunkt eines auch für junge Besucher abwechslungsreichen München-Bummels ist der pittoreske **MARIENPLATZ**, denn dort halten die meisten S- und U-Bahnen sowie Buslinien, hier warten auch die **CITY-TAXIS** (Rikschas) auf Kunden *[Altstadt-Tour, 30 Min., 2 Pers.*

Cafés für Krachmacher

Hier schlürfen die Großen einen Kaffee oder ein Weinchen und der Nachwuchs hat seinen eigenen Freiraum:
KAISER OTTO, *Westermühlstr. 8, 80469 München, Tel. 089 21 01 96 97, www.kaiserotto.de. Tgl. 9-18 Uhr.*
ZUCKERTAG, *Ehrengutstr. 10, 80469 München, Tel. 089-20 32 07 19, www.zuckertag.com. Kinder-Café und Spieleecke: Mo-Fr 14.30-18, Sa/So 10-18 Uhr.*
CAFÉ GLÜCKSKIND, *Seeriederstr. 9, 81675 München, Tel. 089-41 17 16 67, www.cafe-glueckskind.de. Tägl. 9-19 Uhr.* Großzügige Spiel- und Krabbelecke für die ganz Kleinen.

€ 45, www.muenchen-rikschas.de]. Beherrscht wird das Areal von der neugotischen Fassade des **NEUEN RATHAUSES**, auf dessen Turm um 11, 12 und 17 Uhr alle Besucher starren: das Melodienspiel der 43 Glocken ertönt, während sich in 85 Meter Höhe die Gruppe der lebensgroßen Schäffler (Fassbinder) und eine Etage höher die Ritter im Kreis drehen (s. Tour 1, S. 32 und Tour 5, S. 59). Auf der rechten Seite des Platzes verabredet man sich gern am **FISCHBRUNNEN.** Gekrönt ist er von einem bronzenen Kugelfisch, zu seiner Seite schütten vier Metzgerburschen aus Eimern Wasser ins Becken. Sie sind Überbleibsel des alten, im Zweiten Weltkrieg zerstörten Brunnens, der bis 1930 für den „Metzgersprung" diente: Metzgergesellen wurden hier zum Abschluss der Lehre ins Wasser getaucht und leerten ihre Eimer auf den Köpfen der Zuschauer aus. Heute wäscht hier der Oberbürgermeister an Aschermittwoch seinen Geldbeutel, was einen vollen Stadtsäckel herbeizaubern soll. Viele junge Leute ahmen die Sitte in der Hoffnung auf mehr Taschengeld nach.

Plüschbären und Barbies
Am rechten Ende des Marienplatzes steht als reizvoller Blickfang das **ALTE RATHAUS**, ein Beispiel bürgerlicher bayerischer Gotik. In seinem Turm befindet sich das bei Jung und Alt beliebte **SPIELZEUGMUSEUM** *[Marienplatz 15, 80331 München, Tel. 089-29 40 01, www.spielzeugmuseum-muenchen.de. Tägl. 10-17.30 Uhr. Erw. € 4, Kinder (4-15 J.) € 1, Familienticket (Kinder bis 15 J.) € 8]*. Es ist gut, gleich eine längere Besuchszeit einzuplanen,

Spielzeugmuseum: ein Kinderparadies

140 Stand'ln in Münchens Bauch, dem Viktualienmarkt

denn die vier Stockwerke haben viel zu bieten: Eisenbahnen, Flugzeuge, Puppen und Puppenstuben, Karussells, Plüschbären und einen Zoo mit Tieren, aber auch eine Barbie-Sammlung und die Ausstellung „Teddybär 100 Jahre alt".

Überblick verschaffen, Hunger stillen

Haben Sie – ganz versteckt neben dem rechten Tor des Alten Rathauses – das träumende Bronzemädchen bemerkt? Die Originalstatue der Julia Capulet aus Shakespeares „Romeo und Julia" steht in Verona, der Partnerstadt Münchens. Marktfrauen schenken ihr jeden Tag ein paar Blumen. Glück in der Liebe soll haben, wer sie berührt. Von hier über den Petersplatz geht es Richtung Viktualienmarkt zu Münchens ältester Pfarrkirche **ST. PETER**. Hoch oben auf ihrem Turm können sich die Besucher für die vorgeschlagene Stadttour aus der Vogelperspektive orientieren (s. Tour 1, S. 31). Vorsicht bei Gegenverkehr! Und 50-Cent-Münzen für das Fernrohr nicht vergessen.

Hunger und Durst nach der Turmbesteigung bekommen? Dann erfüllt der benachbarte **VIKTUALIENMARKT**, Münchens Bauch, alle Wünsche. Sei es eine Brezn von einem der 140 Stand'ln oder ein Leberkäs im Biergarten unter dem gigantischen Maibaum und den schattigen Kastanienbäumen. Größere Einkäufe sind zu überlegen, denn das Murren über die zu hohen Preise ist so alt wie der Markt selbst. Ein lustiges Suchspiel ist es, auf dem Markt die sechs Brunnen zu finden, die an Münchner Originale erinnern. Unter ihnen der berühmteste Spaßmacher Karl Valentin, dessen bekanntester Spruch lautet: „Mögen hätt' ich schon wollen, aber dürfen hab ich mich nicht getraut."

Kontraste: jüdischer Kubus und ehemaliges Zeughaus

Wir verlassen das fröhliche Treiben, gehen ein Stückchen die Rosenstraße hoch, dann links in die Nieserstraße, die zum **JAKOBSPLATZ** führt. Hier steht der wegen seiner modernen Architektur heiß diskutierte Kubus mit jüdischem Gemeindezentrum und der neuen Synagoge, als Bindeglied das **JÜDISCHE MUSEUM** *[Sankt-Jakobs-Platz 16, 80331 München, Tel. 089-23 39 60 96, www.juedisches-museum-muenchen.de. Di-So 10-18 Uhr. Erw. € 6, Kinder (6-14 J.) € 3]*. Die permanente Präsentation „Stimmen-Orte-Zeiten", die jüdische Geschichte und Kultur in München, richtet sich auch an ein jüngeres Museumspublikum. Nördlich davon befindet sich im ehemaligen Zeughaus das vielseitige **MÜNCHNER STADTMUSEUM** *[Sankt-Jakobs-Platz 1, 80331 München, Tel. 089-23 32 23 70, www.stadtmuseum-online.de. Di-So 10-18 Uhr. Erw. € 7, Studenten und Rentner € 3,50, Kinder (unter 18 J.) und Arbeitslose frei]*. Für historisch Interessierte wartet gleich nach dem Eingang links die Statue des Stadtgründers Heinrich der Löwe und sein angebliches Schlüsselbein (s. auch Tour 5, S. 57). Der Audioguide für Kinder „Typisch München!" folgt den Mäuschen-Symbolen und erklärt auf spannende Weise Münchens Geheimnisse. Viel Spaß macht die Broschüre „Mein Museumsquiz", getrennt für Kinder von 5-6 und ab 10 Jahren. Die meisten jüngeren Besucher werden von den Moriskentänzern magisch angezogen und ahmen die Figuren mit allerlei Verrenkungen nach. Die Erklärung für unsere jungen Tänzer finden Sie im Kasten links.

Was sind Moriskentänzer?

Im Jahr 1480 schuf der Bildhauer Erasmus Grasser für den Tanzsaal des Münchner Rathauses 16 je 70 Zentimeter hohe, aus Holz geschnitzte Tänzer. Immerhin haben zehn Figuren die turbulente Zeitgeschichte Münchens überlebt und schmücken heute das Stadtmuseum. Die „Moriska" war ursprünglich ein maurischer Tanz mit vielen Verrenkungen und seltsamen Luftsprüngen. Die lustige Tanzart verbreitete sich im 15. Jahrhundert von Nordafrika bis nach Deutschland. Auch in München gehörte die orientalische Folklore zu den beliebtesten Volksbelustigungen der damaligen Zeit.

Für die Lachmuskeln

Nicht weit entfernt, am Ende der Sendlinger Straße, steht das mächtige **SENDLINGER TOR**. Nach links führt die Blumenstraße zum Münchner Marionettentheater, es lohnt sich, einen Blick ins Programm zu werfen (s. Kasten S. 8). Im Torturm befindet sich das **VALENTIN-KARLSTADT-MUSÄUM** *[mit „ä"!, Tal 50, 80331 München, Tel. 089-22 32 66, www.valentin-musaeum.de, Mo/Di/Do 11.01-17.29, Fr/Sa 11.01-17.59, So 10.01-17.59 Uhr. Erw. € 2,99, Kinder (ab 6 J.), Schüler u. Studenten € 1,99, Familien € 6,99 (Kinder bis 16. J., verheiratet, unver-*

heiratet, mit oder ohne Vater, mit oder ohne Mutter, aber nur ohne Kaugummi und Limo)]. Die hintersinnig-originelle Sammlung des Münchner Originals, Volkssängers und Komikers Karl Valentin (1882-1948) lässt Kinder und Erwachsene schmunzeln. Sucht und beachtet den Nagel, an den Valentin seinen Beruf gehängt hat ... Ganz oben im Turmstüberl geht die Gaudi weiter, hier gibt es auch die besten Weißwürst mit Brezn.

Vom Wunschring und der Mäuseprinzessin

Hinter dem Tor geht es nach rechts weiter auf unserer Tour: in die schattige **HERZOG-WILHELM-STRASSE**, eine Allee mit Spielplatz, Bänken und einigen Kunstwerken. Nach einer erholsamen Pause sollte die letzte Skulptur beachtet werden, eine tiefschwarze Eisenplastik. Man muss um sie herumgehen, um alle Geheimnisse zu entdecken: einen bärtigen Mann, an dessen Ohr zwei Mäuse knabbern, zwei Mädchen, eins mit hüftlangen Haaren, das andere mit Pferdeschwanz, einen Gockel und andere fantasievolle Details. Die Künstlerin Angelika Fazekas hat den eng geschriebenen Text zur Plastik unten am Sockel angebracht, für Knirpse ein Kinderspiel, sich zu bücken und ihn zu entziffern. Es wird auf einen berühmten deutschen Dichter (1778-1842) hingewiesen. Eine Aufgabe für die ganze Familie: Wie heißt das Märchen mit dem Wunschring, der Mäuseprinzessin und dem Prinzen Kronovus? Viel Spaß, die Arbeit lohnt sich (Lösung am Ende dieser Tourbeschreibung)!

Witzbolde am Stachus

In der Fortsetzung der Allee gelangt man über eines der links abzweigenden Sträßchen zur lebhaften Sonnenstraße. An ihrem Ende zeigt sich Münchens **STACHUS**, der eigentlich Karlsplatz heißt, in seiner ganzen Pracht (s. Kasten). Hier erfrischen sich im Sommer Einheimische und Gäste im Wasserstaub des großen, hohen Springbrunnens. Im Winter wird das Becken in ein Eisstadion verwandelt. Unterirdisch entstand eine Ladenstadt, sind Stationen von U- und S-Bahn zu finden. Unter dem Tor wäre es gut, zwischendurch den Hans-guck-in-die-Luft zu spielen. Am Mittelgewölbe zwinkern uns an den vier Kragen Münchens Originale in Form von Steinplastiken zu. Nordwestlich ist es der Franz Xaver Krenkl (1780-1860). Der Pferdehändler überholte eines Tages im Englischen Garten mit seinem Sechsspänner die Kutsche des Königs Ludwig I., ein absolutes Verbot. Der König zürnte, doch Krenkl antwortete

Erfrischende Fontänen am Stachus

Karlsplatz oder Stachus?

Europas angeblich verkehrsreichster Platz heißt Karlsplatz, doch stur nennen ihn die Münchner Stachus. Den offiziellen Namen hat er nach Kurfürst Karl Theodor. Dieser sprengte für die Stadterweiterung den Festungsgürtel. Das haben ihm die Münchner nicht verziehen und sie weigern sich bis heute, seinen Namen auszusprechen. Lieber erinnern sie sich an Eustachius Föderl, der am Platz eine Gaststätte mit Biergarten besaß (ab 1755), dem er nach seinem Vornamen den Spitznamen Stachusgarten gab.

souverän: „Majestät, wer ko, der ko!“ Übersetzung für die „Breissn“: „Wer kann, der kann.“ Im Südwesten lächelt der Krämer und Bote von Liebesbriefen Joseph Huber (1763-1829) herunter. Dem kleinwüchsigen sogenannten Finessensepperl wird der Spruch „Nix Gwiss woass ma ned“ zugeschrieben (Nichts Gewisses weiß man nicht). In die Nordost-Ecke zwängt sich der Kapellmeister und Kontrabassist Josef Sulzbeck (1767-1845). Vom Münchner Volkssänger ist der Spruch „Hurraxdax, packs bei da Hax“ überliefert, die „Hax“ ist der Fuß oder das Bein. Im Südosten wird an den Musiker und Humoristen Georg Pranger (1745-1820) erinnert, „Prangerl“ war der letzte bayerische Hofnarr unter König Max I. Joseph.

Vom Brunnenbuberl zum Salome-Brunnen

Hinter dem Tor beginnt die große Fußgängerzone mit jeglichen Einkaufs- und Einkehrmöglichkeiten in der **NEUHAUSER STRASSE** und in der **KAUFINGERSTRASSE**, gespickt mit Besonderheiten, die selbst Münchner kaum richtig kennen. Da spuckt doch an der Ecke Herzog-Max-Straße ein Satyr dem **BRUNNENBUBERL** auf den Kopf, Frechheit! Nur wer genau hinschaut, entdeckt, dass der Lausbub den Wasserhahn des lüsternen Waldgeistes zuhält, also reine Notwehr. Gleich danach weckt das Kaufhaus

Salome-Brunnen in der Kaufingerstraße

OBERPOLLINGER Interesse. Heutzutage birgt es alle Luxus-Modemarken der Welt, doch wie auf den Dachfirsten zwei Handelskoggen ausweisen, ist es ein altes Handelshaus, das schon vor mehr als 100 Jahren gegründet wurde. Beliebt ist auch die bewirtete Dachterrasse (s. Tour 1, S. 31).
Vorbei am **DEUTSCHEN JAGD- UND FISCHEREI-MUSEUM** (s. „Attraktionen", S. 90), vor dessen Portal eine bronzene Wildsau und ein Waller darauf warten, dass ihnen der Glück bringende Rüssel bzw. das große Maul gestreichelt werden, kommt man bald in die Kaufingerstraße. Links weitet sie sich zu einem Platz aus, in dessen Mitte der **RICHARD-STRAUSS-BRUNNEN**

Zum Tode verurteilt: der Goldschmied

Der unglückliche Goldschmied

An der Ecke Kaufinger- und Augustinerstraße fällt die Steinfigur eines Mannes mit Hut und traurigem Gesicht auf. Der ehrliche Goldschmied sollte eines Tages von einem hochwertigen Schmuck eine Kopie herstellen, doch als er von der Mittagspause zurückkehrte, war das Geschmeide verschwunden. Niemand glaubte an seine Unschuld, er wurde zum Tode verurteilt. Bei der Arbeit am damaligen Stadtturm entdeckte dann ein Handwerker ein Dohlennest mit den wertvollen Kleinodien. Der Vogel hatte das funkelnde Geschmeide durch ein offenes Fenster entdeckt und geraubt. Seitdem schwebt der Geist des Goldschmieds, vor vorschnellem Urteil warnend, durch Münchens Altstadt, sagt man. Sein Flüstern ist wohl zu leise, jedenfalls ist es bei dem vielen Lärm in der Kaufingerstraße nicht zu hören.

rieselt. Die Säule zeigt Szenen aus der Strauss-Oper „Salome", deshalb ist er auch als Salome-Brunnen bekannt. Den schrecklichen Wunsch der Herodes-Tochter, das Haupt von Johannes dem Täufer als Lohn für ihren Schleiertanz zu erhalten, illustrieren die Szenen in der Mitte der Säule. Nun zum Nachlesen: Richard Georg Strauss wurde am 11. Juni 1864 in

Augustiner mit uriger Atmosphäre

Mitten in der Fußgängerzone steht das traditionelle **RESTAURANT AUGUSTINER**. In mehreren großen Räumen herrscht noch der Charme der guten alten Zeit, in den urigen Bräustuben trinken viele Stammgäste ihre Maß, bestellen pünktlich um 11 Uhr Weißwurst mit süßem Senf. Ganz hinten geht es zum kleinen Biergarten im Innenhof mit Blick in den weiß-blauen Himmel. Das Bier ist süffig, die Limo frisch, die Schmankerl köstlich zubereitet, die Preise reell. Für ca. € 9 gibt es frisches Rindermett mit Sauerrahm und Hausbrot, ½ Bauernhendl mit Salat, schwäbische Maultaschen (hausgemacht) mit Röstzwiebeln und Kartoffelsalat, Semmelknödel-Carpaccio mit frischen Pfifferlingen, als Dessert frischen Zwetschgendatschi mit Vanilleeis und Sahne für € 6,90. Kleine Portionen für Senioren und Kinder: 1 Paar Wiener Würstl mit Pommes € 5,20, kleines paniertes Schweineschnitzel mit Pommes € 7,20, kleiner Schweinebraten mit Knödeln € 7,20, ¼ Ente mit Kartoffelknödeln und Blaukraut € 9,80. **ZUM AUGUSTINER**, *Neuhauser Str. 27, 80331 München, Tel. 089-23 18 32 57, www.augustiner-restaurant.com. Restaurant tägl.10-24 Uhr.*

München geboren und starb am 8. September 1949 in Garmisch-Partenkirchen – Strauss war also ein Bayer und kein Wiener, wie so viele glauben!

Fragespiel mit Kirchen

Auf dem Weg zum Marienplatz lugen immer wieder zwei gotische Türme mit Welschen Hauben aus den Gassen. Ist der eine nicht höher oder sind beide gleich hoch? Gut hinschauen! (Lösung am Ende dieser Tourbeschreibung). Die Türme gehören zum spätgotischen **DOM ZU UNSERER LIEBEN FRAU**, von den Münchnern nur kurz **FRAUENKIRCHE** genannt (s. auch Tour 1, S. 32). Die Hallenkirche mit dem 109 Meter langen Langhaus überrascht durch ihre Helligkeit. Die Glasmalereien im Chor vom Ende des 14. bis zum Beginn des 16. Jahrhunderts überstanden glücklicherweise die Schäden des Krieges. Seit der letzten Restaurierung steht rechts hinter dem Eingang das mächtige Kaiser-Kenotaph (leeres Grab) für Kaiser Ludwig der Bayer (1282-1347). Nimmermüde Kraxler wollen sicherlich den Rundblick vom Kirchturm aus genießen.

Nur wenige Schritte sind es bis zur **THEATINERSTRASSE**, an deren Ende zwei mächtige Löwen die **FELDHERRNHALLE** bewachen (s. Tour 3, S. 47). Gegenüber in strahlendem Ocker die **THEATINERKIRCHE** *[tägl. 7-19 Uhr]*. Eigenartig ist die Wetterfahne, die normalerweise von einem Gockel gekrönt wird. Jedoch, genau hinschauen, Münchner sind eigenwillig. Es ist ein Wappentier, ein Symbol für Mut und Unerschrockenheit. Also ein …? (Lösung am Ende der Beschreibung).

Von Bierseligkeit bis Eis-Paradies
Ehe die Tour wieder am Marienplatz endet, empfiehlt sich noch ein kleiner Abstecher. Über die Sparkassenstraße erreicht man die Münzstraße, von dort das stimmungsvolle **PLATZL** mit dem **HOFBRÄUHAUS**. Dort herrscht immer bierselige Stimmung („... oans, zwoa, gsuffa ...") und es werden garantiert bayerische Schmankerl serviert (s. Kasten). Am Platzl hat sich auch der prominente Star-Fernsehkoch **ALFONS SCHUHBECK** niedergelassen. Nicht nur die **SÜDTIROLER STUBEN** *[Platzl 6-8, 80331 München, Tel. 089-216 69 00. Mo ab 18, Di-Sa 12-14.30 u. ab 18 Uhr]* mit deftigen Speisen gehören zum Imperium, sondern auch der **GEWÜRZLADEN** mit allen Aromen der Welt sowie mit selbst gemachter Schokolade, Pralinen und Trinkschokolade die **CHOCOLATERIE** *[beide Platzl 4 a, 80331 München. Mo-Sa 10-19 Uhr]*. Für die Eisspezialisten gibt es gleich in der Nähe Schuhbecks verführerischen **EISSALON** *[Pfisterstr. 9-11, 80331 München. März-Nov tägl. 11-24 Uhr]* mit 160 Sorten Eis, täglich 36 Sorten im Wechsel. Empfehlung: Schokolade-Chili-Eis und Mascarpone-Feigen-Eis. Lecker! Fußballfreunde finden am Platzl übrigens die **FAN-SHOPS** der Vereine **FC BAYERN** und **TSV 1860 MÜNCHEN** (s. S. 115).

Bierselige Stimmung im Hofbräuhaus

„In München steht ein Höfbräuhaus ..."

In den zahlreichen Räumen gibt es fast hundert Stammtische von „Aloisius" bis „De Zammagwiafedn". Das bringt Stimmung, auch sieht man hier viele Bayern mit Dirndl, Lederhosen und Wadlstrümpfen. Die Speisen (täglich unter www.hofbraeuhaus.de) sind teilweise preiswert. Etwa 4 Wiener mit hausgemachtem Kartoffelsalat € 7,50, Leberkäs mit Kartoffelsalat € 9,50, Käsespätzle mit Röstzwiebeln € 10,90, Eisbecher (3 Kugeln mit Fruchtsoße und Sahne) € 4,50.
HOFBRÄUHAUS, *Platzl 9, 80331 München, Tel. 089-290 13 60. Tägl. 9-23.30 Uhr.*

LÖSUNGEN:
Zur Skulptur in der Herzog-Wilhelm-Straße: Clemens Brentano (1778-1842, „Das Märchen von Gockel, Hinkel und Gackeleia"). – Die Differenz der Türme beträgt 12 Zentimeter, das kann nur ein Adlerauge erspähen (Nordturm 98,57 Meter, Südturm 98,45 Meter). – Wappentier der Wittelsbacher: ein Löwe.

Tour 3: Mit dem Radl zu Königen und Künstlern

ALTSTADT: PETERSPLATZ • BURGSTRASSE • RESIDENZ (KAISERHOF) • FELDHERRNHALLE • MAXVORSTADT: KÖNIGSPLATZ • ARCISSTRASSE • KUNSTAREAL DER PINAKOTHEKEN • SIEGESTOR • ENGLISCHER GARTEN

WO: *von der Altstadt über die Maxvorstadt bis zum Englischen Garten* – **WIE:** *mit dem Fahrrad* – **DAUER:** *etwa 2 ½ Stunden ohne größere Stopps (ca. 12 Kilometer)* – **NICHT VERGESSEN:** *Getränke, Sonnenschutz, Regenschutz, Kamera, Notizblock*

Familien, die München zum ersten Mal mit dem Drahtesel erkunden wollen, sollten sich einer geführten Tour anschließen. Dies hat den Vorteil, die Radwege der Stadt kennenzulernen, aber auch ungefährliche oder bequeme Strecken ohne solche. An diesen Stellen sollten Familien, deren Kinder wenig Erfahrung auf dem Rad haben, dann auf den Bürgersteig ausweichen (das Radfahren ist dort nur bis 12 Jahre erlaubt). Begleitet oder auf eigene Faust, der Sonntag ist in München für Radler günstiger, der Verkehr dann recht zahm. Noch ein Tipp: Die rote Ampel gewissenhaft respektieren, Münchens Polizei ist überall – und auch in Zivil. Die Radl-Guides kennen die Situation und warten auf der anderen Seite, wenn die Gruppe durch Rot getrennt werden sollte. Die Anbieter für Radtouren

München besser kennenlernen bei geführten Radl-Touren

Julia: Symbol für das Bündnis mit Verona

[z. B. Spurwechsel, www.spurwechsel-muenchen.de] stellen für Teilnehmer ohne eigenes Rad auch Leihräder zur Verfügung. Dann also los, rein in die Pedale. Achtung, Kunstfreunde: Die am Weg liegenden Kunstmuseen werden bei der Radtour nicht besucht, also notieren und für einen anderen Tag einplanen.

Vorsichtig durch die Altstadt

Parkplatz für die gut gewarteten Fahrräder ist der **PETERSPLATZ**, wo vor der Stadtgründung die namensgebende Mönchskapelle stand. Dann geht es vom einzigen im Altstadtbereich fühlbaren Hügelchen in „Schussfahrt" runter zum Viktualienmarkt. Aufmerksam tastet sich die Gruppe vorbei an Julia mit blank gescheuerter Brust, sie ist das Symbol für die Partnerschaft mit Verona (s. Tour 2, S. 38). Hinter dem Torbogen des Alten Rathauses beginnt rechts die **BURGSTRASSE** mit dem auffallenden Ohrwaschlhaus, gleich darauf geht's in die frühere Kaiserburg, den **ALTEN HOF** mit dem Affentürmchen (beide s. Tour 5, S. 59). Und schon ist nach Überquerung der Maximilianstraße, Münchens teuerster Shopping-Meile, der **MAX-JOSEPH-PLATZ** mit Oper und Residenztheater erreicht. Die Statue vor dem klassizistischen Opernhaus stellt Maximilian I. Joseph dar. Eigentlich wollte er stolz auf einem Pferd sitzend oder stehend mit erhobener Hand dargestellt werden. Doch sein Sohn, Ludwig I., entschied sich nach des Vaters Tod für die Sitz-Stellung, von der Münchner Monarchie-Anhänger sagen, der Kini säße auf dem Thron wie auf einem Drahtesel.

Vom kaum bekannten Brunnenhof zur historischen Feldherrnhalle

Die Pedaltour geht ein paar Radlängen weiter bis zu den zwei bronzenen Löwen vor dem Eingang zum **KAISERHOF** und dem Durchgang zum **BRUNNENHOF**. Die Berührung der kleinen, inzwischen blank gescheuerten Löwenköpfe am Wappenschild soll Glück bringen! Die versteckte und deshalb wenig bekannte achtseitige Hofanlage verdankt ihren Namen dem in der Mitte platzierten **WITTELSBACHERBRUNNEN**. Gekrönt wird er von einer Bronzestatue Ottos I., des ersten bayerischen Herzogs aus dem Haus Wittelsbach (1117-1183). Die am Beckenrand liegenden Figuren verkörpern die vier bayerischen Hauptflüsse Donau, Isar, Inn und Lech. Dazwischen stehen die antiken Gottheiten für die vier Elemente

Erde (Demeter oder Ceres), Feuer (Hephaistos oder Vulcanus), Wasser (Poseidon oder Neptun) und Luft (Hera oder Juno). Eine kurze Pause am kühlenden Brunnen und ein Ratespiel macht die Geschichtskunde für kleine Ausflügler spannender: Welche Figur steht für welches Element?

Die Feldherrnhalle machte Geschichte

Der Residenz gegenüber zieht die von zwei riesigen Steinlöwen bewachte **FELDHERRNHALLE** die Blicke an. Sie ist eine Nachbildung der Loggia dei Lanzi neben dem Palazzo Vecchio in Florenz. An diesem Ort ist Gelegenheit, nach den heutigen Umtrieben rechtsradikaler Krakeeler, auf die Entstehung der nationalsozialistischen Herrschaft (1933-1945) in München einzugehen. Auch die Jugend sollte sich damit beschäftigen. Mit dem „Marsch auf die Feldherrnhalle" versuchte Hitler bereits am 9. November 1923, die Macht an sich zu reißen, um danach nach Berlin zu marschieren. Dieser Plan misslang, doch zehn Jahre später,1933, übernahm er als Reichskanzler die Regierung. An der Feldherrnhalle wurde damals ein Plateau mit den Namen der „Blutzeugen der Bewegung" angebracht, bewacht von zwei uniformierten und bewaffneten SS-Posten. Wer die Stelle passierte, musste die Hand zum „Hitlergruß" heben. Um dies zu vermeiden, schlichen viele Münchner von der Residenzstraße über die Viscardigasse hinter der Feldherrnhalle zur Theatinerstraße und zum Odeonsplatz. Seitdem hat das schmale Sträßchen den Beinamen „Drückebergergasserl". Der Münchner Humor zeigt sich auch bei den zwei beherrschenden Löwen, der eine der Überlieferung nach bayerischen, der andere preußischen Ursprungs. Doch welcher ist nun welcher? Klar, preußisch ist jener, der das Maul aufmacht – eine sanfte Anspielung auf die angebliche Sprachgewandtheit der Norddeutschen.

Die Feldherrnhalle – Erinnerung an Deutschlands dunkle Geschichte

Museen für Kinder und Jugendliche

An bessere Zeiten erinnert die breite Brienner Straße – Achtung: teilweise ohne Radweg –, sie führt auf den wahrhaft königlichen **KÖNIGSPLATZ**. An seinem oberen Ende wird er beherrscht von den Propyläen, die an den Torbau der Athener Akropolis erinnern. Das Denkmal ist der Griechischen Revolution gewidmet (1821-1829), thematisiert am Relief des dreieckigen Giebels. Links wird der Platz flankiert von der Staatlichen Antikensammlung, rechts von der Glyptothek. Hier beginnt Münchens berühmtes Museumsviertel. Zahlreiche Museen und Galerien folgen – eine Einladung für spätere Besuche mit der ganzen Familie. Erster Vorzug: Bei allen folgenden Einrichtungen gilt für Besucher bis 18 Jahre freier Eintritt. Zweites Bonbon: Viele Kunsthäuser bieten für junge Besucher spezielle Rundgänge an. Details dazu werden im Absatz „Intensiv-Infos für Kunstfreunde" auf S. 50 vorgestellt.

Stadtradlerinnen vor der Glyptothek

Glyptothek, der Aufbewahrungsort für Skulpturen

Zusammen mit den **STAATLICHEN ANTIKENSAMMLUNGEN** auf der Nordseite des Königsplatzes besitzt die **GLYPTOTHEK** eine der weltweit bedeutendsten Kollektionen griechischer und römischer Marmorstatuen. Wissbegierige Kinder und Jugendliche werden von Glauki, der etwas tollpatschigen Museumseule, durch die Räume begleitet, die alle Fragen mithilfe der allwissenden Göttin Athena (ihr Symbol ist die Eule) beantwortet. So lernen 6- bis 8-jährige Entdecker und 9- bis 14-jährige Schlaumeier in jedem Saal eine neue Skulptur kennen, die manchmal sogar zu ihnen spricht. Wer nicht der Kinder-Tour folgen möchte, sollte in der Sammlung gezielt die Hellenistische Periode (323-146 v. Chr.) bewundern, besonders den lüsternen Barberinischen Faun, den „Ganswürger" genannten Knaben mit der Gans sowie die bedauernswerte Trunkene Alte.

Der Blaue Reiter für junge Menschen

Den Propyläen an der Westseite des Münchner Königsplatzes gegenüber befindet sich das **LENBACHHAUS**, ehemaliges Wohn- und Atelierhaus des Malerfürsten Franz von Lenbach. Es verblüfft heute mit seinem mit Messing verkleideten Neubau, dem golden leuchtenden Kubus. Das Museum ist berühmt für seine weltweit größte Sammlung zur Kunst des Blauen Reiters von Franz Marc,

Hinweis durch roten Strahl: Da unten ist das Ägyptische Museum

Wassily Kandinsky, August Macke, Paul Klee und Gabriele Münter. Hinzu gekommen sind Arbeiten des Künstlers Joseph Beuys: eine Vielzahl an Plastiken und Installationen aus seinen unterschiedlichen Schaffensperioden. Damit bei jungen Besuchern keine Langeweile aufkommt, wurde ein Audioguide von Kindern für Kinder entwickelt, mit dem auch Erwachsene noch das eine oder andere dazulernen können. In kurzen Hörspielen werden sechs verschiedene Kunstwerke mit Geschichten rund um ihre Entstehung, Künstler und Personen nähergebracht: Was verbirgt sich hinter den Werken? Sehen alle das Gleiche? So können junge Kunstliebhaber das Museum und seine Exponate auf unterhaltsame und spannende Weise entdecken.

Die Geheimnisse des Pharaonenreichs

Zurück geht es mit dem Radl über den Königsplatz zur ARCISSTRASSE. Fotostopp bei einem silbernen Riesen, aus dessen Kopf sich ein roter Strahl in die Erde bohrt. Der Gigant symbolisiert die Begegnung der Gegenwart mit der Vergangenheit. Denn der Lichtstrahl endet unter der Erde im Ägyptischen Museum. In großzügigen Räumen, didaktisch hervorragend geführt, wird ein Überblick über 5.000 Jahre Kunst und Kultur des alten Ägyptens geboten. Für Kinder hat man sich ein besonderes Abenteuer einfallen lassen. Kleine Archäologen können sich an der Kasse kostenlos einen Rucksack ausleihen, der acht verschiedene Aufgaben enthält und spielerisch zu verschiedenen Stationen führt, z.B. einem rekonstruierten Grab der Vorzeit, einer Königsstatue oder zu Sabu und seiner Frau Meretites, die vor 4.400 Jahren im alten Ägypten Modell standen. Wer mehr wissen will, bekommt einen mobilen Audioguide, ein Navigationsgerät, das 120 Ausstellungsstücke in Wort und Bild erläutert. Spielerisch werden zusätzlich über Medienstationen mit Touchscreen die Geheimnisse der Pharaonenzeit gelüftet. Für Kleinkinder und Babys stehen Buggys sowie Tragetücher zur kostenlosen Ausleihe zur Verfügung.

Vom Siegestor zum Englischen Garten

Die Pinakotheken, die Neue, Alte und die der Moderne, sowie das Museum Brandhorst stehen dicht beieinander im Bereich Barer Straße und Türkenstraße. Kunstfreunde erhalten ihre Informationen für den Besuch der wichtigsten Kunstmuseen im Kasten S. 52. Doch die Radfahrer wollen weiter, erreichen kurze Zeit später die Ludwigstraße, deren nördliches Ende durch das **SIEGESTOR** markiert wird. Dahinter beginnt die Leopoldstraße, Vergnügungsmeile des Szeneviertels Schwabing. Es ist weniger die Architektur des imposanten Triumphbogens, die die jüngeren Radler begeistert, als die Krönung durch eine Quadriga: Bavaria, Bayerns Schutzherrin, gezogen von vier kräftigen Löwen. Doch warum zeigt die bronzene Lady den Betrachtern den Rücken? Die Antwort darauf findet, wer das Tor umrundet. Im Norden nämlich ist der Spruch „Dem bayerischen Heere" verewigt. Die Bavaria schaut also den Siegern der Befreiungskriege von 1815 entgegen, denn im 19. Jahrhundert gab es hier noch Felder, Wiesen und nur ein paar Häuser des Fleckens Schwabing. In Wirklichkeit ist also hinten vorn. Nach so viel Prachtstraßen und königlicher Architektur atmen die Pedalritter sicher auf, wenn sie über die Schackstraße und die Königinstraße Münchens grüne Lunge, den **ENGLISCHEN GARTEN**, erreicht haben. Wer sein eigenes Fahrrad dabeihat, bleibt meistens am Chinesischen Turm hängen und verabschiedet sich vom Rest der Gruppe. Die Rückreise der anderen Radler, vorbei an den mutigen Wellenreitern des Eisbaches und quer durch den Hofgarten der Residenz, endet nach kurzer Zeit wieder am Startpunkt, dem Petersplatz. München hat sich zur Zufriedenheit aller von seiner königlichen und kunstreichen Seite gezeigt.

Intensiv-Infos für Kunstfreunde

Die **NEUE PINAKOTHEK** zeigt rund 400 Gemälde und Skulpturen der europäischen Kunst von der Aufklärung bis zum Anbruch der Moderne. Der Reigen der Künstler geht von Francisco de Goya und Angelika Kauffmann über Carl Spitzweg, Pierre-Auguste Renoir bis Paul Cézanne und Vincent van Gogh. Die Sammlung Moderne Kunst in der **PINAKOTHEK DER MODERNE** knüpft genau dort an, wo das Angebot der Neuen Pinakothek endet, nämlich bei der Kunst nach etwa 1900.
Sie zählt über 20.000 Werke für Malerei, Plastik, Fotografie und Neue Medien. Vertreten sind in der Sammlung der klassischen Moderne u. a. Lyonel Feininger,

Wo ist beim Siegestor vorn, wo hinten?

Schlaraffenland in der Alten Pinakothek – ein lustiges Rätselspiel für schlaue Kinder

Zunächst ein grober Überblick: Im Erd- und Obergeschoss präsentieren sich mehr als 700 Gemälde aus ganz Europa, zum Beispiel Albrecht Dürers „Selbstbildnis im Pelzrock“ und Rembrandts Variante „Jugendliches Selbstbildnis“. Bedeutende Künstler sind u. a. Botticelli, da Vinci, Raffael, Tizian oder Rubens. Beeindruckend ist ganz sicher das mehr als sechs Meter hohe Ölgemäldes von Peter Paul Rubens: „Das Große Jüngste Gericht“ im obersten Stockwerk im Saal VI. Viel Spaß macht Kindern in Raum XIII bestimmt Bartolomé Esteban Murillo mit seinen versonnenen „Buben beim Würfelspiel“ (um 1675/80) und die genießerischen „Trauben- und Melonenesser“ (um 1645) sowie im Raum 19 Gerard ter Borch d. J. mit dem Hundefreunden geläufigen „Ein Knabe floht seinen Hund“ (um 1655). Ein Hit für junge Kunstliebhaber dürfte allerdings in Raum 11 **„DAS SCHLARAFFENLAND“** von Pieter Bruegel d. Ä. sein (um 1567). Als Anregung diente der 1546 erschienene Schwank des Hans Sachs, der Müßiggang, Völlerei und Faulheit der Menschen geißelt. Aus diesem lustigen Gemälde machen wir ein heiteres Spiel. Schaut euch die Gourmand-Szene ein paar Minuten genau an …

a. Welchem Stand gehören die drei Schlemmer an – Hilfsmittel sind Eisenhandschuh, Dreschflegel, Buch und Papier.

b. Worauf wartet der Knappe links oben, dass es ihm in den Mund fällt?

c. Woraus ist dahinter der Zaun geflochten?

d. Aus welcher Flüssigkeit besteht im Hintergrund der See?

e. Durch was muss sich der Neuling durchfressen, um ins Schlaraffenland zu kommen?

f. Was liegt auf dem Zinnteller?

g. Das essfertige Schwein nähert sich einem Kaktus. Woraus besteht dieser?

h. Worauf wartet der auf einem Pelz liegende Gelehrte?

a. Ritter, Bauer und Gelehrter
b. Pfannkuchen
c. Bratwürste
d. Milch
e. Berg Hirsebrei
f. Gebratene Gans
g. Fladenbrot
h. Auf dass ihm der Wein aus dem umgekippten Krug in den Mund tropft

Außenfassade des Brandhorst-Museums

Joan Miró, Salvador Dalí und Pablo Picasso. Auch alle Mitglieder der Brücke und des Blauen Reiters fanden ihren Platz, in der Kunst der zweiten Hälfte des 20. Jahrhunderts Henry Moore, Georg Baselitz, Joseph Beuys und Andy Warhol. Für Kinder zwischen 5 und 12 Jahren veranstaltet das Museum jeden Sonntag von 13 bis 17 Uhr Workshops, um Kunst, Design und Architektur zu verstehen – Motto „Kinder können Kunst“. Ohne Anleitung, aber ausgestattet mit Papier und Stift sowie einem Frage- und Rätselbogen können sie zusammen mit den Eltern oder Großeltern auf einer lehrreichen „Entdeckertour“ Verständnis für Kunst entwickeln – eine Schnitzeljagd zwischen Joseph Beuys und Wassily Kandinsky.
Das **MUSEUM BRANDHORST** zeigt außer den Wechselausstellungen gemeinsam mit der Pinakothek der Moderne die Arbeiten von Künstlergrößen des 20. und 21. Jahrhunderts. Unter den 700 Werken der Sammlung sind u. a. auch Andy Warhol und Pablo Picasso vertreten. Das Gebäude bietet schon von außen eine Besonderheit: Die Fassade des etwa 15 Meter hohen Baus zieren 36.000 Keramikstäbe in 23 Farben, die eine ständige Veränderung der Oberfläche bewirken.

Adressen für den Museumsbesuch

In allen aufgeführten Museen ist der Eintritt bis 18 Jahre frei. Sonntags beträgt der Eintritt nur € 1, die Audioführung kostet dann € 4,50.

STAATLICHE ANTIKENSAMMLUNGEN UND GLYPTOTHEK, *Katharina-von-Bora-Str. 10, Tel. 089-28 92 75 02, www.antike-am-koenigsplatz.mwn.de. Staatliche Antikensammlungen Di/Do-So 10-17, Mi 10-20 Uhr. Glyptothek Di/Mi/Fr-So 10-17, Do 10-20 Uhr. Beide je € 6/4.*

STÄDTISCHE GALERIE IM LENBACHHAUS, *Luisenstr. 33, Tel. 089-23 33 20 00, www.lenbachhaus.de. Di 10-20, Mi-So 10-18 Uhr. € 10/5.*

ÄGYPTISCHES MUSEUM, *Gabelsbergerstr. 35, Tel. 089-28 92 76 30, www.smaek.de. Mi-So 10-18, Di 10-20 Uhr. € 7/5.*

ALTE PINAKOTHEK, *Barer Str. 27, Tel. 089-23 80 52 16. Di 10-20, Mi-So 10-18 Uhr. € 4/2.*

PINAKOTHEK DER MODERNE, *Barer Str. 40, Tel. 089-23 80 53 60, Do 10-20, Di/Mi, Fr-So 10-18 Uhr. € 10/7.*

NEUE PINAKOTHEK, *Barer Str. 29, Eingang Theresienstr., Tel. 089-23 80 51 95, Mi 10-20, Do-Mo 10-18 Uhr. € 7/5. www.pinakothek.de.*

MUSEUM BRANDHORST, *Theresienstr. 35 a, Tel. 089-238 05 22 86, www.museum-brandhorst.de. Do 10-20, Di/Mi, Fr-So 10-18 Uhr. € 7/5, Audioguide € 3.*

Tour 4: Zur Isarnixe und anderen Gruselmachern

ST. MARIA THALKIRCHEN • ASAM-SCHLÖSSL • FLOSSLÄNDE • MARIENKLAUSENBRÜCKE • MARIENKLAUSE • JAKOBSBRUNNEN

WO: *entlang der Isar in Thalkirchen* – **WIE:** *ab U-Bahn-Station Thalkirchen/Tierpark zu Fuß oder per Rad* – **DAUER:** *2 ½ Stunden Fußmarsch mit Stopps* – **NICHT VERGESSEN:** *gutes Schuhwerk, Taschenlampe, Beruhigungspillen*

Diese Isar-Tour verlangt Fantasie und starke Nerven, vor allem wenn verführerische Wassernixen drohen, die Wanderer in ihr nasses Reich zu ziehen. Überall sind Symbole der Gefahr zu finden, Stationen zum Beispiel, wo Isarflößer durch betörenden Gesang ins Verderben schipperten. Der Weg führt durch Wälder, wo es wispert und flüstert, an Teichen vorbei, in denen sich knöcherne Schädel spiegeln. Wer die Tour tagsüber wagt, vertreibt Tagesgeister mit lustigen Wanderliedern, eine gruselige Nachttour gibt es im Angebot der **STADTSPÜRER** *[www.stadtspuerer.de]*. Die Tour ist auch mit Jogger oder Buggy möglich.

Schutzpatron der Isarflößer

Von der U-Bahn-Station Thalkirchen geht es hoch zum Thalkirchner Platz, wo nicht nur die jungen Teilnehmer bei Gelatobi (s. Kasten S. 55) mit Zaubereis die erste Verführung erleben. Schon winken die Türme der **WALLFAHRTSKIRCHE ST. MARIA** am Fraunbergplatz. Den von Wassergeistern bedrohten Flößern aus Wolfratshausen helfen im Kircheninneren, auf zwei Zunftstangen stehend, die Schutzpatrone der Isarfahrer, der heilige Nepomuk und der heilige Nikolaus. Wieder ein paar Meter zurückspaziert führt die Maria-Einsiedel-Straße südwärts. Die erste Verlockung wäre das garantiert chlorfreie **NATURBAD MARIA EINSIEDEL**

Schluss mit Nixen-Flirt: Ausflugsfloß auf der Isar

(s. „Kinderfreundliche Badeplätze", S. 28), dessen Besuch für später eingeplant werden sollte. Nächste Station ist das Wohnhaus des Barockkünstlers Cosmas Damian Asam, genannt **ASAM-SCHLÖSSL**. Im Jahre 1730 wurden die früher für München typischen Fresken an der Fassade durch die Brüder Asam fertiggestellt. Heute lockt auch viele Münchner die historische Gastwirtschaft zu einem Stopp (s. Kasten S. 55). Geradeaus über die Benediktbeurer Straße, vorbei am stillgelegten Isartalbahnweg (die Isartalbahn nach Wolfratshausen wurde 1891 eröffnet und 1964 stillgelegt), erreicht man die **ZENTRALLÄNDE**, Endstation der Flöße aus Wolfratshausen. Wo seit dem 8. Jahrhundert Holztriften landeten, ungebündelte Holzstämme für Bauzwecke, enden heute, von allen Geistern verlassen, bierselige Gruppen *[Infos für Gruppen, Familien etc. unter www.isar-floss-event.de]*.

Marienklause, Endziel der Isarnixen-Tour

Gefährlicher Flirt mit der Isarnixe

An der Floßlände auf dem großen Kiesplatz entlang der Isar hat die Stadt eine vorbildliche WC-Anlage mit Wasser-Seifen- und Trockenautomaten sowie Babywickeltisch eingerichtet. Ein Stück weiter steht ein verzaubertes, hinter Efeu verstecktes Knusperhäuschen. Da wartet man nur, dass gleich eine Hexe herauskommt und Lebkuchen verteilt. Ob hier die Isarnixe Pause zum Trocknen macht? Nichts von alledem – Privatbesitz. Zauberhaft auch der nahe, 1906 installierte Holztrogbrunnen mit garantiert trinkbarem Wasser. Links führt die **MARIENKLAUSENBRÜCKE** (benannt nach der später folgenden Marienklause) zu der Stelle, wo die Flößer über das Isarwehr einen Umweg machten, um den lockenden Rufen der Isarnixe zu entfliehen. Mitten ins beängstigende Rauschen des Flusses führt ein schmaler Stichsteg mit Aussichtspunkt. Ein Kopfsprung ins erfrischende Nass ist hier verboten, vor nicht allzu langer Zeit musste ein junger Mann in den Wasserwirbeln seinen Leichtsinn mit dem Leben bezahlen.

An dieser Stelle hören empfindsame Menschen zwischen dem Gurgeln der Wellen das Klagen eines verhinderten Liebespaares. Man schrieb das Jahr 1487, als der Bayernherzog Albert IV. die Tochter Kaiser Maximilians, Kunigunde, heiratete. Zum Tanze spielte ein junger Mann mit seiner Sackpfeife (Dudelsack) auf und verführte die Mädchen mit seinen Melodien. Als der Herzog mit seinem Gefolge in Richtung Jagdschloss Grünwald zog, fragte ein übermütiges Edelfräulein den Spielmann, ob seine Liebe und

Stärkung gegen den Fluch der Isarnixe

Für den Start oder das Ende der Tour bieten sich an:
EISDIELE GELATOBI: Tobi produziert außer den üblichen Sorten tägliche Variationen, z. B. Apfelkuchen-Geschmack, eine Eiskugel € 1,30, Eisbecher an Tischen im Freien ab € 6,90. *Schäftlarnstr. 179, 81371 München, www.gelatobi.de. Tägl. 11-22 Uhr.*
ALTER WIRT: Preiswert, mit Spielplatz im Biergarten, Wiener Schnitzel klein/groß € 8,90/12,90, Schweinebraten mit Knödeln und Krautsalat € 9,90, Pasta mit Zanderfilet und Pfifferlingen € 10,50, Happy Hour 14-17 u. ab 22 Uhr, dann die Maß Bier € 5,90. *Fraunbergstr. 8, 81379 München (gegenüber der Kirche St. Maria), Tel. 089-74 21 99 77, www.alter-wirt-thalkirchen.de. Tägl. 9-24, warme Küche bis 23 Uhr.*
Für unterwegs:
ASAM-SCHLÖSSL: 2 Fleischpflanzerl mit Natursoße und Kartoffelsalat € 9,50, kleines Schweineschnitzel mit Kartoffelsalat € 9,80, Spaghetti mit Tomatensoße und Parmesan € 6,80, 6 Nürnberger Rostbratwürstl auf Weinsauerkraut € 8,80, 2 Weißwürste € 5. *Maria-Einsiedel-Str. 45, 81379 München, Tel. 089-723 63 73, www.asamschloessl.de. Tägl. 11-24 Uhr, Küche bis 22 Uhr.*

sein Mut stark genug wären, im Strudel der Isar sein Leben zu wagen. Der Verliebte sagte zu, die Leichtsinnige riss ihr Geschmeide vom Hals und warf es lachend in die Fluten. Der Musikant stürzte hinterher, blieb aber auf ewig unten im Reich der Wassernixen. Nach drei Tagen war auch die junge Frau verschwunden – für immer. Wer ganz leise ist, hört bis heute zwischen dem Rauschen der Isar das lockende „Tutli-i-i-i“. Die Isarnixe sucht Gesellschaft. Also schnell umkehren und geisterfreie Plätze suchen.

Erlösung von der Nixen-Gefahr
Ein paar Schritte vom Marienklausensteg entfernt stoßen die Wanderer auf die liebliche, aus Holz gebaute **MARIENKLAUSE**. Die kleine Kapelle baute 1865 der Sohn des Schleusenwärters Martin Achleithner als Dank für die unfallfreie Beendigung seiner gefährlichen Arbeit an der Isarschleuse. Direkt unterhalb entspringt eine Quelle in einer Grotte, der sogenannte **JAKOBSBRUNNEN**, der in das Ensemble mit einem kurzen Kreuzweg integriert wurde. Davor eine Gedenktafel mit einer Einladung für die Besucher (Auszug):
„… Ist auch die Quelle eng und klein,
So ist doch's Wasser klar und rein.
Gesundheit birgt's und Lebenskraft,
Wohl mehr als mancher Gerstensaft.
Das merkt euch Pilger lobesan …“
Der Ort ist wie geschaffen für eine Ruhepause, für eine Befreiung aus der Gefahrenzone der Isarnixen. Von der Klause führt dann am Tierpark vorbei ein nachts beleuchteter Waldweg zum Startpunkt, der U-Bahn-Station Thalkirchen/Tierpark.

Tour 5: Münchens mystische Geheimnisse

ALTES RATHAUS • ST. PETER • MARIENSÄULE • NEUES RATHAUS • WURMECK • BURGSTRASSE: OHRWASCHLHAUS • ALTER HOF MIT AFFENTÜRMCHEN

WO: *in Münchens Altstadt* – **WIE:** *zu Fuß* – **DAUER:** *2 ½ Stunden* – **NICHT VERGESSEN:** *Kamera, Wasser*

Heinrich der Löwe gründete München

Die räuberische Gründung der Altstadt oder „Heinrich! Mir graut's vor dir"

Dass Münchner Geschichte spannender als so manch ein Märchenbuch sein kann, beweist eine Tour durch die Altstadt. Sie lässt den mächtigsten und gefürchtetsten deutschen Territorialfürsten des Mittelalters wieder lebendig werden: Heinrich den Löwen. Der begründete nämlich München. Dass er Vetter des mächtigen Kaisers Friedrich Barbarossa war, spielte ihm dabei in die Hände. 1156 bekam er von diesem das bayerische Herzogtum vermacht, als Gegenleistung für treue Dienste im Ringen um den Kaiserthron. Damals war München noch „ze de Munichen", eine kleine Mönchssiedlung. Durch Heinrich entwickelte sie sich allmählich zu einem Handelszentrum, das der Herrscher auf brutale Art finanzierte. Wie? Er entdeckte die vielen mit Salz beladenen Fuhrwerke, die in „Feringa" (heute Föhring bzw. Oberföhring) über eine Isarbrücke zuckelten. Für die Flussüberquerung mussten die Salzhändler viel zahlen – dieser Zoll floss in die Taschen des Bischofs von Freising. Um den Geldsegen in seine eigene Kasse umzuleiten, ließ Heinrich der Löwe die Brücke kurzerhand abbrennen

Heinrich, der Löwenretter

Der junge Heinrich ging keinem Abenteuer aus dem Weg. Beim Streifzug durch einen dunklen Wald hörte er ein ohrenbetäubendes Gebrüll. Er zerteilte das Gebüsch mit seinem Schwert und sah einen fürchterlichen Drachen im Kampf mit einem blutenden Löwen. Auch das Ungeheuer hatte Wunden von den starken Pranken und scharfen Zähnen des Löwen. Heinrich überlegte nicht lange: Der Drachen war das Böse, so entschied er sich für den Löwen, symbolisch das Gute und Helle. Er rammte sein Schwert in die Brust des Lindwurms, der im Todeskampf noch eine fauchende Feuersäule ausstieß. Als Dank für die Lebensrettung wich der Löwe seinem neuen Herrn seither nicht mehr von der Seite.

und zwang die Salzhändler zur Überquerung der schnell errichteten neuen Brücke am „gachen Steig" (heute Ludwigsbrücke bei Gasteig). Die Versuche des Bischofs, einen neuen Übergang zu bauen, wurden von Heinrich dem Löwen natürlich sabotiert. Die Beschwerde bei Kaiser Barbarossa endete mit einem faulen Kompromiss, der Bischof erhielt fortan ein Drittel der Einnahmen und der Herzog kassierte heiter weiter. Bald war der Kaiser bei seinen Feldzügen gegen rebellierende italienische Regionen u. a. auf die Hilfe seines gehorsamen Vetters angewiesen. Doch es gab Zwist, 1175 verweigerte der Herzog deshalb dem Kaiser jede weitere Hilfe. Der degradierte ihn 1180 zum normalen Adligen, Heinrich verlor Sachsen und Bayern und wurde nach England ins Exil verwiesen. Barbarossa übergab Bayern an Otto von Wittelsbach, dessen Nachkommen das Land bis 1918 regierten.

Vom Heinrich zur ältesten Kirche

München-Besucher fragen sich, wie viel hier von Heinrich dem Löwen geblieben ist. Außer der Legende, wie er zu dem Zusatz „der Löwe" kam (s. Kasten), führt er immerhin an der Fassade des **NEUEN RATHAUSES** weit oben den Reigen der Wittelsbacher Herrscher in Bayern an. In seiner ganzen Größe steht er als Statue (Kopie) an der Rückseite des **ALTEN RATHAUSES**. Gnädigerweise mit Blick ins „Tal", entlang der Straße zum Isartor, wo anno dazumal „seine" Brücke die Isar überquerte. Heinrich-Verehrer eilen aber lieber in das Stadtmuseum im sanierten Zeughaus (s. Tour 2, S. 39). Dort steht das mächtige Original, ein Zinnguss von 1864, daneben das angebliche Schlüsselbein des Stadtgründers. Der Rest ruht in Braunschweig in Frieden. Von seiner Figur am Alten Rathaus geht unser kurzer Spaziergang auf einen der drei Stadthügel, wo **ST. PETER** thront, Münchens älteste Pfarrkirche (s. auch Tour 1, S. 31).

Tee-Sud gegen das Gruseln

Die in die Außenwand eingemauerten Grabsteine sind Beweis für einen früheren Friedhof. Stadtführer behaupten, dass manche Gäste um diese Stelle einen großen Bogen machen. Für Ängstliche geben sie ein Rezept gegen die Angst vor Toten preis: Moos von der Friedhofsmauer kratzen, trocknen und mit heißem Wasser übergießen. Der Tee soll auch beim Besuch des Kircheninneren vor Schaudern bewahren. Dieser überkommt manchen Besucher beim Betrachten der sichtbaren Reliquien der heiligen Munditia in der zweiten Seitenkapelle links. Das mit Gold verzierte Skelett, deutlich sichtbar der Totenschädel der Katakombenheiligen, die um 250 in Rom lebte, liegt in einem gläsernen Sarg. Kinder, die es dabei gruselt, gehen lieber an den Seiteneingang, wo in einem Schaukasten ein Kirchlein mit fünf Cent erhellt wird und ein Engelchen im Laufschritt das Gotteshaus verlässt.

Mittelpunkt der Stadt: die Mariensäule

Nicht weit ist es bis zur **MARIENSÄULE**, dem Mittelpunkt Münchens, alle ausgehenden Straßen haben hier ihren metrischen Nullpunkt. Hier können Eltern ihren Sprösslingen vom sogenannten „Wunder von München" erzählen. Für dieses Wunder steht die vergoldete, auf einer Mondsichel stehende Maria, welche die Münchner vor einem großen Unheil bewahrt haben soll. Sie blickt von einem Pfeiler über den Marienplatz und hält ein Zepter in der rechten Hand. Die Geschichte dazu geht so: Die Schweden hatten im Dreißigjährigen Krieg die Stadt besiegt, ein blutiger Konflikt stand kurz bevor. Doch der schwedische König Gustav II. Adolf entschied sich, München zu verschonen. Dafür dankte Kurfürst Maximilian der Schutzfrau Bayerns, der Patrona Bavariae, mit der Errichtung dieser schönen Statue.

Die Plagen der Menschheit

Die Augen der jungen Betrachter bleiben aber vor allem am Sockel mit den vier **BRONZEPUTTEN**, kleinen Engelchen, haften. Der lateinische Text auf den Schildern bezieht sich

Wenn Blicke töten könnten …

Der Basilisk gilt als „König der Schlangen". Er wird oft als Mischwesen mit dem Oberkörper eines Hahns, auf dem Kopf eine Krone, und dem Unterleib einer Schlange dargestellt. In anderen Bildern wurden ihm zwei oder mehrere Vogelbeine, Flügel, Federn oder sogar ein Menschenkopf hinzugefügt. Der Blick eines Basilisken versteinert oder tötet, sein Atem ist tödlich giftig. Harry-Potter-Fans kennen das Monster aus dem Buch bzw. Film „Die Kammer des Schreckens". Das furchtbare Wesen an der Mariensäule wirft seinen hasserfüllten Blick auf den pausbäckigen, kämpfenden Engel. Der Putto weicht diesem Blick aus, er kennt den Spruch: „Wenn Blicke töten könnten." Das Verderben abzuwenden gelingt nur mit einem Spiegel. Sieht der Basilisk dort sein Spiegelbild, erstarrt er selbst.

Der böse Drache brachte die Pest in die Stadt

allegorisch auf Psalm 91, Vers 13, die Übersetzung: „Über die Schlange und den Basilisken wirst du schreiten und den Löwen und den Drachen wirst du zertreten." Die sogenannten Heldenputti kämpfen mit vier als grausige Tiere dargestellten Menschheitsplagen. Der Löwe verkörpert in dieser Version der Löwen-Legenden den Krieg, der Basilisk – ein Fabelwesen (s. Kasten) – die Pest, ein Drache den Hunger und eine Schlange den Unglauben.

Drache, Pest und Nachtwächter

Mystisch und bedrohlich geht es weiter, nur ein paar Meter von der Mariensäule entfernt, zum südwestlichen Eck des **NEUEN RATHAUSES**, volkstümlich **WURMECK** genannt. Dort züngelt schon wieder ein böser Drache. Die Legende weiß von einem riesigen Lindwurm zu berichten, der über die Stadt geflogen sei. Sein giftiger Hauch brachte die Pest in die Gassen. 7.000 Münchner kostete der Schwarze Tod das Leben. Als das Biest rasten wollte und auf dem Marienplatz landete, trieben ihn tapfere Männer von der gegenüberliegenden Hauptwache am Wurmeck in die Enge. Mit nur einem Schuss aus der Kanone töteten sie das Untier. Mutige Bürger und tatenlose Stadträte sind links vom Drachen in einem Relief zu sehen. In der Mitte vom Pesthauch getroffene Patrizier, fliehende Frauen und Kinder. Rechts tanzen die Schäffler (Fassbinder), die sich als Erste wieder ins Freie wagten und die Münchner herauslockten. Wer mit den **STADTSPÜRERN** eine Abendtour gewählt hat *[www.stadtspuerer.de]*, der wird um 21 Uhr gezielt vor dem Neuen Rathaus aufgestellt. Was nur wenige kennen, zieht den Blick himmelwärts auf den Spielwerkserker, oberhalb der um 11 und 12 Uhr tanzenden Schäffler (s. Tour 1, S. 32). Links und rechts wird eine kleine, mit Säulen geschmückte Öffnung beleuchtet. Links dreht der Nachtwächter mit Laterne zum Nachtwächterruf aus Richard Wagners „Meistersinger" seine Runde, rechts begleitet ein Engel das Münchner Kindl zum „Wiegenlied" von Brahms ins Bett (Fernglas nicht vergessen).

Vom Ohrwaschlhaus zum Affentürmchen

Weiter geht es zur Burgstraße. Dort ist die Nummer 5 nicht zu übersehen, das **OHRWASCHLHAUS** (bayer. Ohrwaschl = Ohrmuschel). Das gotische Altmünchner Stadthaus mit renovierter Renaissance-Fassade hat seinen Namen von den zwei Halbgauben an beiden Enden des Daches. Am rechten „Ohr" ist noch ein Balken zu sehen, an dem per Seilwinde die Waren in den Speicher hochgezogen

Hier entführte ein Affe des Herzogs Baby

wurden. Die Sehenswürdigkeit war einst Sitz des Stadtschreibers (1550-1612), barg auch das Amt für die Isargoldwäscherei und das städtische Weinstadl mit Ausschank zur Dienerstraße. Gleich um die Ecke geht es in den ehrwürdigen **ALTEN HOF**, der bis ins 15. Jahrhundert Sitz der Wittelsbacher war. Einen Besuch lohnt dort das **INFORMATIONSZENTRUM** der 1.300 Museen und Schlösser Bayerns *[Tel. 089-2101 40 50, www.muenchen.de. Mo-Sa 10-18 Uhr. Eintritt frei]*. Lehrreiche Präsentationen zur Kaiserburg (3-D-Animationen) werden im Gewölbekeller geboten, für Kinder gibt es ein Suchspiel, um mit Puzzle und Holzbausteinen das Bauwerk besser kennenzulernen. Außerdem gibt's Literatur zur Münchner Stadtgeschichte. Draußen im Hof fällt ein langer Fachwerk-Erker auf, das **AFFENTÜRMCHEN**. Herzog Ludwig II. (1229-1294) hielt sich einst einen zahmen Affen, der freien Auslauf hatte. Eines Tages soll er die Wiege mit dem kleinen Sohn, Ludwig dem Bayern, umgekippt haben. Das Personal jagte das Tier mit dem Baby im Arm durch das Haus, bis es sich über den hölzernen Erker auf das Dach rettete. Alles gute Zureden half nichts, bis ein Diener eine Bratwurst aus dem Fenster des Kinderzimmers hielt, woraufhin das naschhafte Äffchen vorsichtig vom Dach stieg und das Kind unversehrt in die Wiege zurücklegte. So erhielt der Erker seinen Namen.

Zentrum mit angezogenen Preisen

Etwas teurer wird es schon, wenn in der Altstadt der Hunger plagt. Aber schön ist's halt im **RATSKELLER MÜNCHEN**. Preiswerte mittlere Portionen gibt es bei Nürnberger Rostbratwürstln, Flammkuchen, Käsebrotzeit und einigen Fleischgerichten. Spezielle Gerichte für Kinder (bis 12 J., aufgerundet): Kindernürnberger mit Kartoffelpüree oder Pasta Napoli je € 5, Kartoffelpuffer € 7, Kinderschnitzel mit Pommes € 11, Pommes solo € 2. *Marienplatz 8, 80331 München, Tel. 089-21 99 89 0, www.ratskeller.com. Tägl. 10-1, So bis 24 Uhr.*

Tour 6: Zu Münchens Trinkwasser-Quelle

S-BAHN KREUZSTRASSE • HOHENDILCHING • SKULPTUR-LICHTUNG • MANGFALLTAL • KLEINHÖHENKIRCHEN • GRUBMÜHLE • BAYERN-KAMELE

WO: *südlich von Aying* - **WIE:** *Anfahrt mit S-Bahn oder Auto, weiter zu Fuß* – **DAUER:** *halber bis ganzer Tag* – **NICHT VERGESSEN:** *Wanderkarte, Picknick, Wasser, gutes Schuhwerk, Windjacke, Sonnenschutz, Kamera*

Trinkwasser kommt aus der Mangfall

Nichts eignet sich bei sommerlicher Hitze besser, als raus aus der Stadt und südwärts zu Münchens Trinkwasser-Fluss, der wilden Mangfall, zu fahren. Auf Groß und Klein wartet ein Abenteuer auf dem sogenannten M-Wasserweg, der beim Deutschen Museum beginnt und anfangs wie unser Planetenweg verläuft (Tour 8, S. 69). In 20 Stationen aufgeteilt, führt er auf Wander- und Radwegen (teilweise getrennt) über 82 Kilometer bis Gmund am Tegernsee. Dort liegt der Ursprung der Mangfall, die München mit Trinkwasser höchster Qualität versorgt. Unser Teilstück, ein etwa 10 Kilometer langer Rundweg, beginnt an der S-Bahn-Station Kreuzstraße (S 7). Wegen seiner teils schmalen und steilen Waldwege ist er oft nur zu Fuß möglich. Wer mit dem Auto kommt, parkt am Bahnhof, kann die verkürzte Wanderung aber auch in Hohendilching beginnen. Die Strecke ist bestens ausgeschildert, gute Hilfe leistet aber immer wieder die Kompass-Karte „184 München und Umgebung", auch als Touren-App erhältlich.

Pflanzenkrieg im Schattenwald

Vom Parkplatz am kleinen Bahnhof geht es nach dem Bahnübergang leicht bergauf, dort beginnt auch schon der Fuß- und Radweg. Oben weisen gelbe Schilder nach links zum Ort **HOHENDILCHING**. Der schattige Mischwald reizt die noch ausgeruhten Jungwanderer zu Stippvisiten ins Unterholz. Vorher müssen am Waldrand große Flächen mit Huflattich überwunden werden. Der witzige Name der Pflanze reizt die Fantasie, so hat er in vielen Gegenden auch andere Bezeichnungen, vorwiegend aus der Tierwelt wie „Rosshuf", „Eselstappe" oder „Fohlenfuß". Schlaue Köpfe pflücken übrigens das größte Blatt und verwenden es bei drohendem Regen oder starker Sonne als Kopfschutz.

Weißwurst als Kunstwerk

Bald weisen die Spitzen des Maibaums und der Kirche von **HOHENDILCHING** den Weg. Direkt am Gotteshaus führt ein asphaltierter Weg steil nach unten, Hinweis „Anderlmühle". Schon sind die rauschenden Töne der Mangfall zu hören. Doch vorher geht es links ab zum frei zugänglichen Kunstpark mitten im Wald, zur **SKULPTUR-LICHTUNG** *[Steinbildhauer Tobel, Anderlmühle 12, 83626 Valley, Tel. 08024-45 78, www.skulptur-lichtung.de]*. Spannend ist der Spaziergang vorbei an aus Stein gehauenen Werken von Tobel und Künstlerkollegen aus aller Welt. Tobels Steinblöcke sind nicht von außen behauen, sondern die Monolithen wurden in ihrem Inneren bearbeitet. Neugierige können die Skulpturen zwanglos erforschen, sie sind zum Anfassen. Wenn Kinder darin herumklettern oder darauf für Fotos posieren, mache das seine Kunst lebendig, meint der Künstler. Tobel sieht seine Arbeit als Opposition zum Zeitgeist. Die gigantische, aus Marmor gehauene Weißwurst des Briten Bob Budd bildet da wohl eine Ausnahme. Eher Pop-Art mit der Reflexion auf die deutsche (britische?) Extrawurst, die beleidigte Leberwurst und den Hanswurst.

Vom Fluss steil hoch zur Alm

Auf der anderen Seite des Parks führt eine Brücke über die breite Mangfall. Wer sich erfrischen will, findet hier leichten Zugang zum Fluss, auch Reiter gönnen dort ihren Pferden eine Abkühlung. Unmittelbar nach der Brücke geht ein schmaler Trampelpfad links ab, etwa 200 Metern an der Mangfall entlang. Dann verlassen wir das Ufer, gehen auf steinigem Weg hoch in den Wald. Nach 100 Metern zeigt ein gelber Wegweiser scharf nach rechts – nach Regen wird der Boden hier etwas morastig. Die Fortsetzung ist trocken, aber extrem steil, ein Glück, dass dichter Schatten die schwitzenden Wanderer schützt. Die Qual endet auf einer hügeligen, saftig grünen Alm.

Die Weißwurst als marmornes Kunstwerk

Gleich ist **KLEINHÖHENKIRCHEN** erreicht, wer Hunger und Durst verspürt, kehrt von Donnerstag bis Sonntag am Ortseingang in die gemütliche **MANGFALLTAL-ALM**

Wirtshauskost für „Leib und Seele"

Die Auswahl an Wirtschaften ist bei unserer Tour sehr dünn. Es heißt also gut planen und für alle Fälle ein Picknick mitnehmen.

BARTEWIRT KREUZSTRASSE: Traditionelles Gasthaus mit Biergarten, dort auch Selbstbedienung (Mo/Do/Fr 11-14 u. ab 17 Uhr, Sa/So ab 11 Uhr), Treff der Einheimischen, freundlicher Service, bayerische Küche; Brotzeit ab € 6,90, Leberkäs, Spiegelei und Kartoffelsalat € 7,90, Kässpätzle € 8,90, Schnitzel mit Pommes € 11,80, für kleine und große Leckermäuler frische Auszogne € 3,50, 3 Apfelkücherl mit Vanilleeis und Sahne € 5,90.
Gruber Str. 1, Ortsteil Kreuzstraße, 83626 Valley, Tel. 08024-77 81, www.bartewirt-kreuzstrasse.de. Mi-Mo 11-23 Uhr.

MANGFALLTAL-ALM: Gemütliches Café mit Terrasse, berühmt für selbst gebackenen Kuchen (ab € 3,10), kleine Speisen und Brotzeit, Kaspressknödel € 6,90, Weißwurst mit Brezn € 5.
Gruber Str. 7, 83629 Kleinhöhenkirchen, Tel. 08063-207 04 00, Do-So/Feiertage 10-18 Uhr.

Die Kirche Mariä Heimsuchung

(s. Kasten) ein. Weiter oben lohnt sich der Besuch der barocken Kirche **MARIÄ HEIMSUCHUNG** (1770), deren Westseite wie so oft in dieser Gegend mit Schindeln vor Regen geschützt wird. Auch der Zwiebelturm ist holzgeschindelt. Im Inneren der Wallfahrtskirche überrascht der schöne Hochaltar: Maria und Kind im Strahlenkranz. Auf einer Votivtafel können die Besucher ein Stück von Bayerns schrecklicher Geschichte nachlesen: über die Schlacht bei Polozk in Weißrussland, wo Napoleon und seine bayerischen Verbündeten 1812 gegen die Russen verloren (s. „Geschichte", S. 120 unten). Beim Rückzug starben viele Kämpfer an Hunger und Erfrierungen, aus Kleinhöhenkirchen überlebten nur drei der in den Krieg gezwungenen Bauern.

Wasserbausteine im Mangfallknie
Unterhalb des Gotteshauses geht die Gruber Straße abwärts, nach etwa einem Kilometer durch freies Weideland beginnt der schattige Wald.

Kurvenreich schlängelt sich die Straße talwärts. An der folgenden Kreuzung den Weg nach rechts wählen, und bald ist die hier sehr wilde Mangfall mit Brückenübergang erreicht. Tosend und schäumend strömt im Mangfallknie nahe **GRUBMÜHLE** das Wasser über mächtige Bausteine, die das Hochwasser abweisen.
Nach der Brücke geht es auf der Asphaltstraße steil hoch nach Grub. Dort lassen wir uns von einem Bild wie im wilden Arabistan überraschen: Auf saftigen Wiesen grast eine Herde von Trampeltieren und Dromedaren, hinter der Großanlage **BAYERNKAMELE** erstrecken sich Weiden mit Lamas, Alpakas und Eseln – eine arabisch-romantische Szene für Erwachsene und vor allem für Kinder (s. auch „Attraktionen", S. 104).

Ein Kamel, wer das nicht weiß …

Immer dieselbe Streitfrage: Ist das Wüstenschiff mit einem Höcker nun ein Kamel oder ein Dromedar oder was? So sieht die Einteilung aus: Es gibt die Gruppe der Altweltkamele (Camelus) mit Dromedar oder Einhöckrigem Kamel aus dem arabischen Raum und Trampeltier oder Zweihöckrigem Kamel aus Zentralasien. Zur zweiten Gruppe, den in Südamerika heimischen Neuweltkamelen (Lamini), gehören die Gattungen Lama, Vikunja, Guanako, Alpaka.

Kinder lernen Münchnerisch

Kinder mit Spaß an der Kommunikation lernen gern ein paar Sprüche, die typisch für München sind. Probiert es einmal mit:

JA, MEI!
Bedeutet z. B.: Das macht doch nichts. Ist mir egal.
A SO A SCHMARRN!
Stimme nicht mit dir überein.
PACK MA'S!
Los geht's, lass uns gehen.
SCHLEICH DI! oder **GEH WEIDA!**
Auf gut Deutsch: Hau ab!
I MOG DI!
Du bist mir sympathisch.
SCHAU MA MOI, DANN SENG MA SCHO! Habe keine Zeit oder es eilt nicht.
SCHEISS DA NIX, DANN FEID DA NIX! Mach dir nichts daraus, keine Skrupel.
DO LEGST DI NIEDA!
Synonym für cool, Wahnsinn oder fly sein (Jugendsprache).
DES IS GHUPFT WIA GSPRUNGA!
Das macht doch keinen Unterschied oder ist egal.
I GLAB, DIR BRENNT DA HUAT!
Du bist wohl nicht ganz dicht.
DES WEAD NIX GSCHEIDS NED!
Bayerische doppelte Verneinung: Das wird nichts!
BRESSIAD'S DA?
Hast wohl keine Zeit?
PFIAD DI NACHAD! Alternativ für Servus oder Bis später.

Tour 7: Stadt mit Herz und grüner Lunge

MARIENPLATZ • ODEONSPLATZ • HOFGARTEN • ENGLISCHER GARTEN

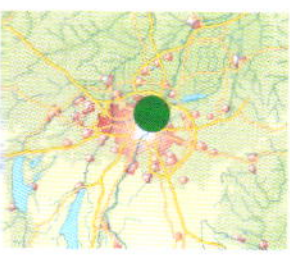

WO: *westlich der Isar zwischen Hofgarten und Isarring* – **WIE:** *zu Fuß oder mit dem Rad* – **DAUER:** *reine Gehzeit 2 Stunden* – **NICHT VERGESSEN:** *Sonnenschutz, evtl. Picknick, Kamera, Badesachen*

Was Hofgärtner Friedrich Ludwig von Sckell 1807 formulierte, gilt für die sanfte Hügellandschaft des Englischen Gartens auch heute noch: „Hier will das Volk gesehen, gefallen und bewundert werden, alle Stände müssen sich also da versammeln und in langen bunten Reihen bewegen und die frohe Jugend unter ihnen hüpfen." Seitdem kamen Wege für Radler, Kutschen und Reitpferde hinzu, seit 1972 vor allem unterhalb des Monopteros ausgewiesene Liegewiesen für Gammler und Nackerte. Familien schätzen die Freiheit für bewegungsfreudige Kinder, die Bademöglichkeiten im Schwabinger Bach und die Biergärten mit fantasievollen Spielplätzen.

Wellenreiten oder Tee trinken

Bei dieser Tour hat das Auto Pause. Start sind die mit öffentlichen Verkehrsmitteln leicht erreichbaren

Artistische Surfer zeigen auf der Eisbachwelle ihre Künste

Stationen **MARIENPLATZ** (S-Bahn) mit dem plätschernden Fischbrunnen oder **ODEONSPLATZ** (U-Bahn) mit der berühmten, von grimmigen Löwen bewachten Feldherrnhalle. Rechts öffnet sich dann der **HOFGARTEN** *[Hofgartenstr. 1, durchgehend geöffnet]*, in dessen Mitte der achteckige Dianatempel (Hofgartentempel mit Bavaria) Schatten für Liebespaare und Straßenmusiker bietet. Links gegenüber der Bayerischen Staatskanzlei unterquert ein Tunnel für Fußgänger und Radfahrer das oberirdische Verkehrsgewirr und schon atmen wir die frische Luft des Englischen Gartens (Weglänge bis Kleinhesseloher See zwei, nördlicher Teil nochmals drei Kilometer). Rechts liegt das Haus der Kunst, hinter dem artistische Surfer auf der **EISBACHWELLE** ihre Künste zeigen. Geradeaus umfließt der Schwabinger Bach das auf einem Inselchen liegende **JAPANISCHE TEEHAUS** *[Tel. 089-22 43 19, www.urasenke-muenchen.de. Tee-Zeremonien April-Okt Sa/So 14, 15, 16 u. 17 Uhr. Erw. € 8, Kinder (6-12 J.) € 4]*.

Der Dianatempel im Hofgarten

Frische Luft macht hungrig

Eine Kombination aus Biergarten (bei schönem Wetter) und Restaurant bieten:

CHINESISCHER TURM,
Englischer Garten 3, 80538 München, www.chinaturm.de, Restaurant Tel. 089-38 38 73 27. Tägl. 11.30-18, Küche 12-17 Uhr. Kinderschnitzel mit Pommes € 9,50, Pasta mit Tomatensoße und Popeye-Salat € 7,50. *Biergarten Tel. 089-38 38 73 19. Tägl. ab 10 Uhr.* Halbes Hendl € 7,50, Schweinshaxn oder Chickenwings je € 7,90, Obazda (super Qualität) € 6,90.

SEEHAUS,
Kleinhesselohe 3, 80802 München, Tel. 089-381 61 30, www.kuffler.de. Tägl. 10-1 Uhr.

HIRSCHAU,
Gyßlingstr. 15, 80805 München, Tel. 089-36 09 04 90, www.hirschau-muenchen.de. Mo-Fr 12-23, Sa/So ab 11 Uhr.

AUMEISTER,
Sondermeierstr. 1, 80939 München, Tel. 089-18 93 14 20, www.aumeister.de. Tägl. 11-23 Uhr. Für Kinder Schnitzel m. Pommes, Wiener m. Kartoffelsalat, Fischstäbchen, Hähnchen-Nuggets, je € 4,90.

MINIHOFBRÄUHAUS,
Gyßlingstr. 59, 80805 München, Tel. 089-36 10 08 80, www.minihofbraeuhaus.de. Tägl. 9-23 Uhr. Hunde sind willkommen.

Sonne tanken, genmanipulationsfrei schlemmen
Am linken Ufer des Baches entlang kommen die Ausflügler dann zum Herzstück des Englischen Gartens, einer der größten innerstädtischen Parkanlagen der Welt. Im Wasser bespritzen sich gut gelaunte Kinder, die Erwachsenen tanken Sonne und kramen das mitgebrachte Picknick aus dem Rucksack. Die Halbwüchsigen finden endlich Zeit, mal ausgiebig zu chillen. Wer ohne Decke und Liege unterwegs ist, nimmt auf dem linken Ufer den Service der **SONNENDIEBE** in Anspruch *[Sonnenstuhlverleih, Veterinärstr., U 3/U 6 Haltestelle Universität, www.sonnendiebe.de. März-Dez tägl. ab Mittag bei Sonnenschein. Sonnenliegen ab 2 Std. € 5, Kinderliegen kostenlos]*. Gleich nebenan locken eine leckere bayerische Bio-Brotzeit, belegte Semmeln und tolles Eis im **MILCHHÄUSL** *[Königinstr. 6, 80539 München, Tel. 089-45 24 84 39, www.milchhaeusl.de. Tägl. 10-22 Uhr. Obazda € 6,90, Resi (Leberkäs mit Kartoffelsalat) € 8,90. Toiletten vorhanden]*. Tipp für Kids: Eis in der schaukelnden Hängematte schlecken.

Am Chinesischen Turm trifft sich die Welt

Deftiger Genuss: Obazda

Im Biergarten des Chinesischen Turms (siehe Kasten links) gibt es hervorragenden Obazda. Aber was genau ist das eigentlich? Obazda heißt übersetzt Angepatzter, also ein Baaz, eine breiige Mischung. Erfunden hat sie in den 1920er-Jahren die Wirtin Katharina Eisenreich vom Weihenstephaner Bräustüberl bei Freising. Dies ist das Ur-Rezept: Reifer Camembert, schaumig gerührte Butter, fein gehackte Zwiebeln, etwas Salz, Pfeffer, reichlich Rosenpaprika, Kümmel und ein Schuss Weißbier werden zu einer Creme verarbeitet. Etwas kräftiger schmeckt der Obazda mit Limburger oder Romadur, etwas milder mit etwas mehr oder weniger beigemischtem Quark oder Frischkäse.

100 Jahre altes Kinderkarussell und deftige Musi
Traumhaft ist der Blick von dem auf einem Hügelchen stehenden Rundtempel **MONOPTEROS** über den Park und auf die Skyline Münchens. Doch

Kleinhesseloher See: Baden verboten, Tretboote erlaubt

die Kinder wollen hier trotz super Blick nicht verweilen, haben unten den im Stil einer Pagode gebauten 25 Meter hohen **CHINESISCHEN TURM** entdeckt. An den Fressständen gibt es alles, was nicht nur ein bayerisches Herz begehrt, vom Hendl bis zu Haxn (Hähnchen und Schweinshaxe), von Auszognen (Schmalzgebackenes) bis zum Apfelstrudel. Während die Erwachsenen einen Platz im Biergarten suchen, stürmen die Kleinen das in der Nähe stehende, mehr als 100 Jahre alte **BIEDERMEIER-KINDERKARUSSELL** *[April-Sep tägl. 15-19 Uhr. 1 Fahrt € 2, 4 Fahrten € 7. Kinder unter 4 Jahren dürfen nur in den Kutschen fahren]*. Beim Klang lustiger Melodien von der Walzenorgel beginnt der Kampf um das schönste weiße Holzpferd oder den besten Kutschenplatz. Bis das lustige Karussell geöffnet hat, bietet der große Spielplatz allerlei Abwechslung. Oder die Kleinen starren mit offenen Mündern zum Turm hoch, wo eine bayerische Musikkapelle ihre kräftigen Weisen erklingen lässt *[Mi ab 15, Fr ab 14, Sa/So ab 13 Uhr]*.

Vogelgezwitscher und Ruderrunde

Hat die Familie dann den Trubel satt, ist der etwas ruhigere Nordteil des Gartens zu empfehlen. Vorbei am Rumfordhaus, früher Offizierskasino, bereitet ein Stopp an der Tafel „Das große Vogel-ABC" großes Vergnügen. 50 Vogelarten von Amsel bis Zilpzalp tummeln sich in den Bäumen des Parks. Lustige Wettbewerbe innerhalb der Familien entstehen, wenn jemand ein Smartphone in der Tasche hat. Über einen QR-Code auf der Tafel gibt es viele Hörproben, u. a. von Blaumeise (ein „Zizi-zirrr"), Singdrossel (ein klares „Zipp"), Stieglitz bzw. Distelfink (ein „Didlit-didlit") oder Zaunkönig (hell rollendes „Zrrr").

Nächstes Ziel ist der in viel Grün eingebettete **KLEINHESSELOHER SEE.** Für Stadtkinder eine aufregende Gelegenheit, Wasservögel aus der Nähe zu betrachten: schnatternde Enten, zischende Wildgänse, Blesshühner mit weißer Blesse an der Stirn und mit metallischem Fluggeräusch landende Schwäne. So schön der Anblick, so unerfreulich die Folge unerlaubten Fütterns der Wasservögel: Wegen starker Verschmutzung des Sees ist das Baden im Teich nicht erlaubt. Als Ersatz dienen ein paar Runden mit dem **RUDER- ODER TRETBOOT** *[jeweils eine halbe Stunde mit Booten für 3 Pers. € 10, für 4 Pers. € 12, für 5 Pers. € 15]*. Wenn der Blick in die Tiefe des Sees – nur 60 Zentimeter – klar ist, sind Graskarpfen, Schleien und Hechte zu entdecken. Kommen dann Hunger und Durst auf, stehen mehrere Biergärten (bei schlechtem Wetter mit Restaurant) zur Verfügung (s. Kasten S. 66).

Tour 8: Ein Kinderschritt sind 1 Mio. Kilometer im Weltall

DEUTSCHES MUSEUM • ROSENGARTEN-SCHAUGÄRTEN • BRUDERMÜHLBRÜCKE • FLAUCHERGELÄNDE

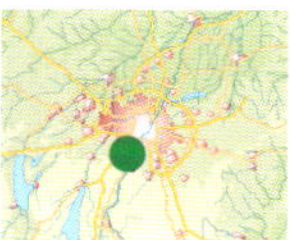

WO: *zwischen Deutschem Museum und Tierpark Hellabrunn* – **WIE:** *4,6 Kilometer zu Fuß oder mit dem Rad, auch für Kinderwagen geeignet* – **DAUER:** *reine Gehzeit 1 ½ Stunden* – **NICHT VERGESSEN:** *Badesachen, Notizblock, Picknickkorb, Wasser*

Ein Ausflug ins All – mitten in München? Das können Kinder auf dem **PLANETENWEG** erleben. Er beginnt im Innenhof des **DEUTSCHEN MUSEUMS** direkt an der Sonnenstation und führt von dort bis zum Tierpark Hellabrunn. Da rauchen die Köpfchen, auch wenn man sich an den Stationen bemüht hat, die Erklärungen zu den Planeten und ihren fast unvorstellbaren Entfernungen „schülergerecht" zu formulieren. Notizen helfen, unser Sonnensystem besser zu begreifen, in anderen Dimensionen zu denken, z. B. dass ein Kinderschritt auf dem Planetenweg im Weltall eine Strecke von etwa 1 Million Kilometern bedeutet. Der ganze Wanderweg von 4,5 Kilometern beträgt umgesetzt ins All die unglaubliche Länge von 5,805 Milliarden Kilometern! Eher zu begreifen: 4,5 Kilometer sind hier unten 5.900 Erwachsenen-Schritte. Bei allem Kopfzerbrechen und manchmal Unverständnis bei den jüngsten Wanderern bleibt ein Trost: Wenigstens die Planeten Merkur, Venus, Mars, Jupiter und Saturn sind von der Erde aus mit bloßem Auge zu sehen (s. Kasten S. 70).

Der Start des Planetenwegs

Auf Schusters Rappen oder mit dem Radl durch unser Sonnensystem

Wir starten zu dieser abenteuerlichen Wanderung im Innenhof des Deutschen Museums an einer Säule mit dem 1,08 Meter großen Modell der Sonne. Zum Uhrenvergleich stellen wir uns bei der „Lebenden Sonnenuhr" auf den aktuellen Monat der Jahressäule. Vorher aber noch etwas Grundunterricht: Was am Himmel jede Nacht flimmert und blinzelt, das sind die Fixsterne – fix, weil sie fest im All stehen. Die Planeten hingegen leuchten ruhig und sie wandern durch das Sonnensystem. Das Wort Planet kommt aus dem Griechischen und bedeutet „himmlischer Landstreicher". Dann geht es aber los, immer flussaufwärts entlang der Isar. Und weil die Reise durch das Sonnensystem so anstrengend ist, die Informationen auf den Stelen so viel Gehirnschmalz kosten, kümmern wir uns zur Erholung und Diskussion auch um die Pausenzonen.

Planet Mars und der römische Kriegsgott

Doch zuerst zu unseren Planeten. **MERKUR**, der sonnennächste „Wanderer" wird unter der astronomischen Uhr im Tor zur **ZENNECKBRÜCKE** vorgestellt. Seinen Namen hat er vom griechischen Götterboten, weil er der schnellste aller Planeten ist. Auf der Brücke wird die leuchtende **VENUS** beschrieben – die Schönheit der römischen Liebesgöttin gab ihr den Namen. Die Erläuterungen zu unserem Heimatplaneten **ERDE** folgen rechts um die Ecke auf der gegenüberliegenden Isarseite. Kurz darauf, etwa 50 Meter weiter, steht schon die Dreiecks-Stele für den **MARS**. Sein Name kommt aus der römischen Mythologie, Mars ist dort der Gott des Krieges. Forscher vermuten, dass die rote Farbe des Planeten zu dieser

Hallo, Venus, ich sehe dich!

Es ist kinderleicht, der **VENUS** ohne technische Hilfsmittel ins Auge zu sehen: 3 Stunden nach Sonnenuntergang leuchtet sie als gleißend heller „Abendstern" am Westhimmel, als „Morgenstern" erscheint sie 3 Stunden vor Sonnenaufgang am Osthimmel. Schwieriger ist die Entdeckung des **MERKUR**, weil er sich nur 2 Stunden vor bzw. nach der Sonne in der Dämmerung und tief am Horizont blicken lässt. Je nach seiner Stellung zwischen Sonne und Erde leuchtet der **MARS** unterschiedlich hell, erkennbar an seiner gelblich-orangen Farbe; er wandert vom Osten bei Sonnenuntergang nach Westen bei Sonnenaufgang. **JUPITER** ist der „Königsplanet", weil er außer der Sonne der größte und schwerste unseres Sonnensystems ist, er leuchtet cremefarben kurz nach Sonnenuntergang im Südwesten. Nur als kleiner, gelblicher Lichtpunkt zeigt sich der **SATURN** am südlichen Himmel, sein Ringsystem ist lediglich mit einem astronomischen Teleskop (30-fach) auszumachen.

Namensverknüpfung führte. Achtung, Rechenkünstler: Nach kosmischem Maßstab gerechnet, haben die irdischen Planetenwanderer jetzt bereits 200 Millionen Kilometer bewältigt.

Freizeit auf dem Blauen Planeten
Erleichtert wird der Marsch oder die Trettour (meistens auf Extra-Radwegen) auf fast der ganzen Strecke durch dichten Schatten, den im ersten Teil viele mächtige Schwarzerlen, erkennbar an ihrer dicken, zerrissenen Rinde, spenden. Die nächste Flussüberquerung auf der **CORNELIUSBRÜCKE** bietet einen letzten Blick auf und an ihrem anderen Ende einen öffentlichen Zugang zur Museumsinsel. Planetenstürmer bleiben auf der Ostseite der Isar, überwinden schnell mal 100 Millionen Weltall-Kilometer (hier keine 100 Meter), um sich dem größten „Herumtreiber" zu widmen, dem Gasplaneten **JUPITER**, der nach heutigem wissenschaftlichen Stand von 63 Monden umkreist wird. Seine Größe gab ihm den Namen des römischen Göttervaters (griech. Zeus), dem Herrn des Himmels und des Lichts. Breite Parkflächen mit Kastanien bilden das Biotop Kleine Isar. Sie entstanden bei der Renaturierung des in früheren Jahrzehnten verbauten, betonierten Flusses. Auf 8 Kilometer Länge wurde er von 2000 bis 2011 in ein wildes Gewässer zurückverwandelt. Der neue Planetenweg erreicht bald die vor allem in der zweiten Tageshälfte von Einheimischen und Urlaubern überlaufene **REICHENBACHBRÜCKE**. Mit Bier, Eis und belegten Broten werden die Bummler vom fast rund um die Uhr geöffneten **KIOSK AN DER REICHENBACHBRÜCKE** *[Fraunhoferstr. 46, 80469 München, www.kiosk-muenchen.de. Nur 5-6 Uhr geschl.]* versorgt. Fotofreunde stoppen hier, um von den zwei Türmen der St.-Maximilian-Kirche einen Schnappschuss zu machen, die hinter der Isar in den Himmel ragen. Passt der Trubel nicht ins Familienprogramm, wird zunächst mitten im Park am Informationspunkt des **SATURN** neues Wissen gesammelt. Der schon im Altertum bekannte, zweitgrößte Planet fällt bei Betrachtung mit dem Teleskop durch seine hübschen Ringe auf, die ihn umkreisen. Für Wissenschaftler sind es Eis- oder Gesteinsbrocken, die durch Zusammenstöße der Saturnmonde untereinander und durch Kollisionen mit Meteoriten und Kometen entstanden.

Biotop Kleine Isar mit der St.-Maximilian-Kirche

Graffitikünstler gestalteten die Brudermühlbrücke

es im **GIFTGARTEN**, den Kinder nur in Begleitung von Erwachsenen betreten dürfen. Gleich hinter der etwas unheimlichen Pflanzenwelt liegt eine große Überraschung für die ganze Familie: Die romantische Wasserwelt des kleinen **FREIBADBÄCHLS** (so heißt das Rinnsal wirklich), ein Planschvergnügen zwischen Bäumen, Büschen und Schilfgestrüpp. Ein paar Schritte weiter, begrenzt von einer lustig bemalten Mauer, kümmern sich Münchner Familien um ihre 2 Quadratmeter großen Gemüsebeete, die sie im Rahmen der Aktion **GREEN CITY** gepachtet haben *[www.greencity.de]*.

Zum Giftgarten und Planschparadies

Danach empfiehlt es sich, auf dem nach Süden führenden Dammweg eine kurze Pause bei Gartenschach, Tischtennis und großem Spielplatz einzuschieben. Auch (transportable) Toilettencontainer sind hier zu finden. Freizeitbeschäftigung in Hülle und Fülle gibt es aber auch, wenn wir unter der von Obdachlosen als Schlafplatz genutzten **WITTELSBACHERBRÜCKE** hindurchwandern. Rechts liegen die ausgedehnten **FRÜHLINGSANLAGEN** mit einem eingezäunten Spielplatz, dessen Geräte Kindern bis sechs Jahre Freude machen. Mit den älteren Kids geht man besser den Weg links hoch und etwa einen Kilometer geradeaus zu den wenig bekannten **ROSENGARTEN-SCHAUGÄRTEN** *[Sachsenstr. 2. Tägl. 9-21 Uhr. Eintritt frei]*. In diesem überraschenden Paradies finden alle Erholung, Naturfreunde können sich an den Beeten mit Blumen und Kräutern nicht sattsehen, andere suchen Schatten unter Obstbäumen oder rekeln sich im Gras der großen Wiese; es gibt viel Raum für ein ausgiebiges Picknick. Finger weg von allen Pflanzen heißt

Abschied vom kleinsten der Himmelsvagabunden

Dann wird es aber wieder ernst. Vor der **BRAUNAUER EISENBAHNBRÜCKE** informiert eine Säule über **URANUS**. Dieser Planet war der erste, der nicht schon in der Antike bekannt war. Erst 1781 wurde er zufällig von dem aus Deutschland stammenden britischen Astronomen Wilhelm Herschel entdeckt, benannt ist er nach dem griechischen Himmelsgott Uranos. Wer Erfrischung sucht, kann übrigens auf beiden Seiten der Isar hinter der Eisenbahnbrücke bis hoch zur Thalkirchner Brücke in den Fluss springen. Oder am Kiosk nach der Brücke den Durst löschen, um „sitt" (nicht mehr durstig) zu sein, wie das Kunstwort heute heißt. Nun sollten wir aber die Beine unter die Arme oder in die

Weltraumflug im Planetarium

Der Anblick eines klaren Sternenhimmels ist eine Seltenheit geworden. Künstliches Licht erhellt zunehmend die Großstadt und trübt die Sicht auf weit entfernte Himmelskörper. Passionierte Sternengucker, aber auch Neulinge zieht es deshalb gern in eine Vorführung im **PLANETARIUM DES DEUTSCHEN MUSEUMS**. In seiner Kuppel kann man – ganz ohne störende Einflüsse – einen künstlichen Sternenhimmel bewundern. Sechs seit 2015 neu installierte Digitalprojektoren helfen bei der virtuellen Reise durchs All. Sie projizieren Bilder an die Kuppel, die dem Besucher das Gefühl geben, selbst durch den Weltraum zu fliegen. Vorführungen gibt es täglich jeweils um 10 und 14 Uhr. Der Eintritt beträgt 2 Euro zusätzlich zum Museumseintritt. Bitte beachten Sie, dass Kinder auch in Begleitung eines Erwachsenen erst ab 6 Jahren ins Planetarium dürfen.

Hand nehmen, wie das Sprichwort sagt. Denn von der Uranus-Station bis zur Säule des 8. Planeten in unserem Sonnensystem, dem **NEPTUN**, sind es 3,069 Millionen Kilometer. Na ja, hier unten auf der Münchner Isarstrecke gut 1 Kilometer. Seinen Namen hat der Gasplanet nach Neptun, dem römischen Gott des Meeres und aller Fließgewässer, deshalb ist sein Symbol ein stilisierter Dreizack, die Waffe des Meeresgottes. Fotofreunde stoppen allerdings vorher den Marsch bei der **BRUDERMÜHLBRÜCKE**, deren dicke Pfeiler mit viel Fantasie von Graffiti-Künstlern bemalt wurden. 300 Meter etwa sind es von dort bis zum Neptun. Ein weiterer Stopp auf der Strecke ist ein großer Spielplatz und für Wanderer, die noch Kraftüberschuss haben, ein Fitness-Parcours.

Flaucherplansch und Zwergplanet
Verlockend nach dieser heißen Wanderung ist das **FLAUCHERGELÄNDE**, Münchens beliebtester Kiesstrand für Erholung und Grillvergnügen. Er liegt direkt hinter der Brudermühlstraße, verbunden durch einen Holzsteg für Fußgänger und Radler. Wer sich davon nicht von der astronomischen Mission ablenken lässt, geht jedoch bis ans Ende des Planetenweges, überquert an der **THALKIRCHNER BRÜCKE** die Tierparkstraße. Am Isar-Eingang des Zoos (s. „Attraktionen“, S. 93) denken wir der Wissenschaft zum Trotz an **PLUTO**. Wir haben Mitleid mit ihm, denn erstens wurde er nach dem römischen Gott der Unterwelt benannt, zweitens hat ihm im Jahr 2006 die Internationale Astronomische Union (IAU) den Titel als 9. Planet unseres Sonnensystems genommen. Seit der Verbannung fristet der kleine „Landstreicher“ sein Dasein als Zwergplanet. Und das nur, weil er einen Durchmesser von lediglich 2,374 Kilometern hat. Ciao, Pluto, leider können wir dir auch keinen Abschiedsgruß zuwinken, denn du ziehst deine Laufbahn weit außerhalb unserer Sichtweite.

Tour 9: Der nördliche Städtebogen vor München

DACHAU • OBERSCHLEISSHEIM/SCHLEISSHEIM • FREISING • FLUGHAFEN MÜNCHEN • ERDING

WO: *im Halbkreis nördlich von München* – **WIE:** *mit dem Auto, ab München auch mit der S-Bahn (S 1, S 2)* – **DAUER:** *Städtetour ein halber Tag, mit Erding ein Tagesausflug* – **NICHT VERGESSEN:** *Notizblock, Kamera/Zeichenblock, Badesachen*

Münchens nördlicher Städtebogen beginnt in Dachau, der Stadt mit Schloss, Gemäldegalerie und KZ-Gedenkstätte. Nur einen Katzensprung ist es von dort mit dem Auto zur prächtigen Schlossanlage Schleißheim. Im tausendjährigen Freising grüßt schon von Weitem der Domberg, in dessen Museum eine der schönsten Krippensammlungen der Welt zu bewundern ist. Einen Ausflug in die Moderne gibt's gleich nebenan auf dem Münchner Flughafen, den Familien auf einer speziell für sie ausgearbeiteten, spannenden Tour besichtigen können. Der krönende Abschluss des Halbkreises ist die Therme Erding, die unsere stürmischen Wasserratten kaum mehr verlassen möchten. Alle Orte dieser Tour sind von München aus auch bequem mit der S-Bahn zu erreichen: Dachau und Erding mit der S 2, Schleißheim, Freising und Flughafen mit der S 1.

„Bayerns Versailles" wird die prächtige Schlossanlage Schleißheim genannt

Künstler im Dachauer Moos

Auf Kunstinteressierte wartet die **DACHAUER GEMÄLDEGALERIE.** Die Stadt besaß zwischen 1870 und 1914 eine bedeutende **KÜNSTLERKOLONIE.** Hunderte Maler, Zeichner und Bildhauer trafen sich hier, u. a. Christian Morgenstern, Carl Spitzweg, Eduard Schleich d. Ä., Adolf Hölzel, Ludwig Dill und Heinrich von Zügel. In der Gemäldegalerie sind etwa 200 Bilder ausgestellt, darunter die „Ausruhenden Spaziergänger im Dachauer Hofgarten", ein Idyll von Carl Spitzweg (1808-1885). Hallo, Künstlernachwuchs, entspricht das Motiv in etwa euren Beobachtungen? *Konrad-Adenauer-Str. 3, 85221 Dachau, Tel. 08131-567 50, www.dachauer-galerien-museen.de. Di-Fr 11-17, Sa/So/Feiertage 13-17 Uhr, Erw. € 5, Schüler u. Studenten € 3, Familien € 9.*

Meisterwerk aus Holz und Götterfries

Bei der Anfahrt deutlich sichtbar überragt der Schlossberg von **DACHAU** das Häusermeer der Altstadt. Über die alte Schloßgasse erreicht man die mitten in der Stadt liegende ehemalige Sommerresidenz der Wittelsbacher, das **SCHLOSS DACHAU** *[Schloßstr. 7, 85221 Dachau, Tel. 08131-879 23, www.schloesser.bayern.de. Di-So April-Sep 9-18, Okt-März 10-16, Park 7 Uhr bis Einbruch der Dunkelheit, Erw. € 2, Kinder (bis 18 J.) frei].* Im Tanzsaaltrakt fällt der Blick sogleich auf die edle Renaissance-Kassettendecke: dunkelbraunes Holz, geschnitzte Gevierte, mittendrin der Reichsadler, ein wahres Meisterwerk von 22 Tonnen. Umrahmt wird die Decke von einem Götterfries mit Darstellungen aus der griechisch-römischen Mythologie: Die antiken Gottheiten sollten Ruhm und Reichtum der Wittelsbacher symbolisieren. Sobald der Nacken schmerzt, unternehmen die jungen Schlossbesucher einen Streifzug durch den frei zugänglichen **HOFGARTEN** mit Wiesen und Obstbäumen – ein Kontrast zur noblen Schlossfassade. Die ganze Familie versammelt sich dann am Aussichtspunkt mit einer Info-Tafel, die beim Blick nach Süden hilfreich ist: Wer entdeckt zuerst den Olympiaturm, die Türme der Frauenkirche und den Alten Peter? Hört ihr das Summen in der Luft? In der intakten Natur des Gartens fühlen sich die Bienen wie im Paradies. Wer mehr wissen will, etwa wie Biene Maja und ihre Verwandten in eckigen Behausungen und in der Bienenkugel leben, wende sich an Sabine Huber (bine@sabinehuber.de) oder Andreas Heidinger (agheidinger@hotmail.de). Der künstlerisch ambitionierte Nachwuchs sollte sich das Ambiente um den barocken Linden-Laubengang gut einprägen und in der Gemäldegalerie (s. Kasten) suchen, wie Carl Spitzweg diese Stimmung eingefangen hat.

Ein schrecklicher Abschnitt deutscher Geschichte

Leider ist die schöne Stadt im Rest der Welt eher bekannt durch das

Das Mahnmal für die Gefangenen von Dachau

hier von den Nationalsozialisten errichtete Konzentrationslager, dem Ort der heutigen **KZ-GEDENKSTÄTTE DACHAU** *[Pater-Roth-Str. 2 a, 85221 Dachau, Tel. 08131-66 99 70, www.kz-gedenkstaette-dachau.de. Tägl. 9-17 Uhr. Eintritt frei]*. Mehr als 206.000 Häftlinge aus 30 Nationen wurden registriert, eingeliefert zwischen 1933 und 1945, mehr als 40.000 starben hier, die Überlebenden wurden am 29. April 1945 von amerikanischen Soldaten befreit. Die Besichtigung kann sicherlich nicht unter locker-leichtes Urlaubsvergnügen eingeordnet werden, ist aber für historisch interessierte Familien unbedingt empfehlenswert. Sie dauert mindestens 2 ½ Stunden, will man sich alles ganz genau anschauen, gern einen halben Tag. Wenn auch niemand wegen seines Alters abgewiesen wird, so sind einige Inhalte für Kinder unter 12 Jahren nicht geeignet. Der gezeigte Dokumentarfilm hat die Altersfreigabe FSK 12.

Edler Barock, ganz ohne Stress

Etwa nach einer halben Fahrstunde – entlang des Städtebogens Richtung Nordosten – gelangt man nach **OBERSCHLEISSHEIM**. Hier wird Geschichte großgeschrieben, vor allem in der **SCHLOSSANLAGE SCHLEISSHEIM** *[Max-Emanuel-Platz 1, 85764 Oberschleißheim, Tel. 089-315 87 20, www.schloesser-schleissheim.de. Di-So April-Sep 9-18, Okt-März 10-16 Uhr. Erw. € 6, Kinder (unter 18 J.) frei]*. „Bayerns Versailles“ wird die große Anlage (Altes und Neues Schloss, Schloss Lustheim) gern genannt. Allein ein Spaziergang durch den Park mit seinen Barockgärten bringt Erholung und bietet den Kleinen viel Platz zum Toben. Auch das Neue Schloss lädt ein zum gemütlichen Streifzug mit interessanten Einblicken. Besonders nach Abwechslung gierende Kinder freuen sich immer wieder über die dahinplätschernden **WASSERSPIELE** *[April-Mitte Sep Mo-Fr 11.30-16, Sa/So 10-18 Uhr]*.

Vom Prinzen zum Türkenbezwinger

Im linken Flügel des Neuen Schlosses hängt ein Gemälde, das bei den jungen Besuchern bestimmt Neid erregt: Es zeigt den jungen **KURPRINZEN MAX EMANUEL** zu Pferde. Die politischen Ambitionen des späteren Kurfürsten Maximilian II. Emanuel (1662-1726) führten zum Bau des Neuen Schlosses, wollte er doch dort als König residieren. Daraus wurde jedoch nichts,

Schafskälte und Niederwild

Im Juni werden die Schafe geschoren, je nach Gebiet mal früher, mal später. Um den 11. Juni kommt nach den Eisheiligen häufig noch einmal ein Kälteeinbruch. Weil dann manche Schafe schon nackt waren und froren, nannte man diesen Temperatursturz einfach Schafskälte.
Die Frage nach dem Niederwild hat nichts mit niedrigem Gebüsch zu tun, unter dem sich die Tiere verstecken. Der Name bezeichnet vielmehr Tiere, die vom „niederen Adel" geschossen werden durften: Hasen, Fasanen, Wildkaninchen, Rehe, Rebhühner, Graugänse, Stockenten. Dem Hochadel war dagegen das Hochwild vorbehalten. Dazu gehören Damwild, Mufflon, Wildschweine, Gamswild, Steinbock, Auerwild, Steinadler und Seeadler.

der Kurfürst hatte im Spanischen Erbfolgekrieg auf die falsche Seite gesetzt. Frankreich und das verbündete Bayern verloren die erste entscheidende Schlacht, Bayern wurde von Österreich besetzt. Trotzdem: Max Emanuel machte sich im Großen Türkenkrieg nach der Erstürmung Belgrads (1688) als Türkenbezwinger einen Namen. Sein Denkmal steht in München auf dem Promenadeplatz gegenüber dem berühmten Hotel Bayerischer Hof.

Einen Raum weiter sind die zwölf **MONATSBILDER** sehenswert. Interessant ist vor allem, wie die verschiedenen Monate symbolisiert wurden: Der Februar zeigt einen wohlgenährten, pausbäckigen Schlemmer, der Juni die Schafsschur (Schafskälte im Juni? Wie das? S. Kasten), der November reiche Jagdbeute, vorwiegend Niederwild (s. Kasten). Reiche Ernte gab es auch auf dem gegenüberliegenden Bild „Der Fischzug Petri". Die Fischer am See Genezareth können heute von solch einer Beute nur träumen.
In den oberen Räumen des Schlosses staunen die Besucher über Pracht und Größe der **GROSSEN GALERIE**, 57 Meter lang, 8 Meter hoch, die Wände mit wertvollem rotem Damast bezogen. Glitzernde Lüster hängen von der Decke, über ihnen – wie auch in anderen Räumen – Fresken im pompejischen Stil, auch Grotesken genannt. Den Kindern zuliebe sollte der Besuch jedoch besser auf Bilder eines speziellen Themas beschränkt werden, sonst kommt schnell Langeweile auf. Neugierige unter ihnen wollen vielleicht wissen, was aus dem kindlichen Kurfürsten

Der Kurprinz träumte von Königswürden

Bedeutende Sammlung von Weihnachtskrippen im Diözesanmuseum Freising

als Erwachsener geworden ist: An der Nordwand des Speisesaals, in dem auch Trauungen stattfinden, hängt als Pendant zum reitenden kindlichen Prinzen eine Darstellung Max II. Emanuels als Feldherr zu Pferde (von Martin Maingaud). In der Schlossanlage Schleißheim werden übrigens für 5- bis 8- und 8- bis 12-Jährige spezielle **KINDERFÜHRUNGEN** angeboten. Auf der Website gibt es als ideale Vorbereitung des Besuchs Bastelbögen zum Ausdrucken, ein Memo-Spiel und Puzzles *[Tel. 089-17 90 84 44, www.schloesser-schleissheim.de/deutsch/kinder/index.htm[*.

Freising:
Königliche Krippe aus Neapel
Rund 30 Kilometer weiter im Norden, Richtung Flughafen, liegt die tausendjährige Stadt **FREISING** *[Touristinformation, Marienplatz 7, 85354 Freising, Tel. 08161-544 41 11, www.freising.de, Mo-Fr 9-18, Sa 9-13 Uhr]*. Der erste

Königliche Gondelfahrt für einfache Bürger

Eine venezianische Gondel fährt auf den Kanälen des Schleißheimer Hofgartens. Die einfache Tagestour für 6 Personen kostet € 80. Montag bis Samstag sind Tagfahrten lediglich zwischen 18 und 19 Uhr möglich, sie dauern 30 Minuten. Die romantischen Abendtouren sind teurer, je nach Arrangement, und dauern eine Stunde. Abfahrt am östlichen Ende des Mittelkanals beim Schloss Lustheim.
LA GONDOLA BAROCCA,
Josef Spitzlberger, Schloss Lustheim 1, 85764 Oberschleißheim, Tel. 089-24 29 51 06, www.la-gondola-barocca.de.

Schlosswirtschaft Alm Oberschleißheim

Restaurant in einer am Schloss gelegenen Almhütte mit Biergarten, warme Küche 11.30-22, Mittagstisch bis 15 Uhr. Schweinebraten mit Kartoffelknödeln € 9,80, andere Fleischgerichte ab € 16,50, für Kinder Spätzle oder Knödel mit Soße je € 4, Hähnchenschnitzel mit Pommes € 5,80. kleine Portion Pommes € 3,80, Palatschinken mit Marmelade und Vanilleeis € 4. Im Biergarten darf mitgebrachte Brotzeit verzehrt werden, Getränke gibt's an der Schänke. **SCHLOSSWIRTSCHAFT ALM OBERSCHLEISSHEIM**, *Maximilianshof 2, 85764 Oberschleißheim, Tel. 089-315 15 55, www.schlosswirtschaft-oberschleissheim.com. Di-So 11.30-22 Uhr.*

Gang der Besucher gilt dem **DOMBERG** mit Mariendom, romanischer Krypta, Kreuzgang, Benediktuskirche, Barocksaal, Dombibliothek und dem zweitgrößten kirchlichen Museum der Welt, dem **DIÖZESANMUSEUM** *[Domberg 21, 85354 Freising, Tel. 08161-487 90, www.dombergmuseum-freising.de. Di-So 10-17 Uhr. Erw. € 4, Schüler, Studenten, Rentner € 2, Kinder (bis 12 J.) frei. Vorher anrufen, evtl. noch geschlossen!]*. Das klingt trocken, doch keine Angst, Höhepunkt der Besichtigung ist eine der bedeutendsten Sammlungen von Weihnachtskrippen, darunter eine königliche Krippe aus Neapel (1761-87) mit 135 Figuren, 73 Tierdarstellungen und 350 genau nachgebildeten Kleingegenständen: in der linken Vitrine Rindvieh, in der Mitte die Bethlehem-Szene, die Menschen edel gekleidet, nebst Kamelen und einem mächtigen Elefanten. Die rechte Vitrine ist lebhaft gestaltet mit Obst-, Fisch- und Gemüsehändlern, Garküchen und einer Schänke mit Schinken an der Wand. Da können die Kleinen gucken und immer wieder etwas Neues entdecken.

Flugzeuge und Galaxy

Schnell ist von Freising aus Münchens **FLUGHAFEN** erreicht. Man bemüht sich hier auch redlich um die zukünftigen Fluggäste und bietet ein reichhaltiges, sehr unterhaltsames Programm für die ganze Familie (s. „Attraktionen", S. 96). In der Nachbarschaft liegt **ERDING**. Außerhalb des Ortes befindet sich die einmalige **THERME ERDING**, eine Freizeitattraktion, die unendlichen Badespaß garantiert und mit Galaxy aufwartet, einem coolen Hightech-Rutschenparadies für wilde Kerle und flotte Mädels (s. „Kinderfreundliche Badeplätze", S. 25).

Der Spielpark im Flughafen

Tour 10: „Wenn ich den See seh, brauch ich kein Meer mehr“

BERG • POSSENHOFEN • ROSENINSEL • TUTZING • AMMERLAND • AMBACH • SEESHAUPT • BERNRIED • AMMERSEE

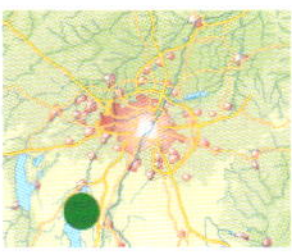

WO: *25 Kilometer südwestlich von München* – **WIE:** *Auto, in der Urlaubszeit besser S-Bahn, dann Schiff* – **DAUER:** *mit großer Rundfahrt Starnberger See halber Tag* – **NICHT VERGESSEN:** *Sonnenschutz, Windjacke, Badezeug, Fernglas, Kamera*

Münchens Badewanne, der Starnberger See, liegt nur 25 Kilometer von Bayerns Hauptstadt entfernt. Wer ihn zum ersten Mal besucht, sollte ab München bequem mit der S 6 anreisen (Haltestelle Starnberg) und es auf jeden Fall am Wochenende oder in den Schulferien vermeiden, Bayerns zweitgrößten See mit dem Fahrzeug zu umrunden. So kann man ihn nämlich nicht kennenlernen. Abgesehen vom notorischen Parkplatzmangel sind die meisten Ufer mit Privatvillen zugebaut und man sieht von der Straße aus nicht viel vom See. Kenner wählen deshalb eine Schiffsrundfahrt von Starnberg nach Seeshaupt und zurück, das ist Genuss ohne Reue, 42 Kilometer lang. Die große beschriebene Tour kann unterwegs sogar zweimal unterbrochen werden. Beispielsweise, um von Possenhofen die romantische Rosen-

Drei Stunden dauert die gemütliche, romantische Fahrt rund um den Starnberger See

Ein Zuckerl für Schüler

Die Schifffahrt ist familienfreundlich, denn Kids bis 5 Jahre bezahlen nichts, von 6 bis 17 Jahren nur die Hälfte, und wenn Eltern oder Großeltern noch mehr eigene Kinder/Enkel dabei haben, dürfen die für € 1 (!) mitfahren. Und nun der Clou: Wer im letzten Schulzeugnis eine Eins vorweisen kann, hat freie Fahrt. Gleich noch ein Thema für die Familien-Diskussion: Schaut mal vor der Abfahrt in Richtung Süden, dann könnt ihr feststellen, dass das 25 Kilometer entfernte Seeshaupt am Ende des Sees wegen der Erdkrümmung nicht zu sehen ist. So wird es zumindest behauptet.

insel zu erreichen oder in Bernried das Buchheim Museum zu besuchen. Achtung: An manchen Tagen fährt die **SCHIFFFAHRT STARNBERGER SEE** *[Dampfschiffstr. 5, 82319 Starnberg, Tel. 08151-80 61, www.seenschifffahrt.de. Abf. für große Rundfahrt 8.50, 10.35, 13 u. 14.30 Uhr, Rückkehr ohne Unterbrechung der Tour 12.08, 14.02, 16.19 u. 18.05 Uhr. Erw. € 18, Kinder (bis 5 J.) frei, 1. Kind/Enkelkind (6-17 J.) 50 %, alle weiteren eigenen Kinder/Enkelkinder (6-17 J.) je € 1, Hunde € 3, nur bei Abf. 11 u. 12.30 Uhr Fahrräder € 3, Kinderfahrräder kostenlos, Tickets an Bord]* von Leoni südwärts bis Seeshaupt und berührt Possenhofen erst auf der Rückfahrt.

Der Kini kommt …
Gleich gegenüber der S-Bahn-Station beginnt die Bootsfahrt. Wir werden begleitet von schreienden Möwen, die auf ein paar Brotbrocken hoffen. Die erste Spannung ist am Ostufer gleich vor dem Ort **BERG** zu spüren. „Hier ist König Ludwig II. ertrunken“, hört man einige flüstern. „Vielleicht Selbstmord“, kommt die Antwort. „Nicht ganz dicht im Kopf“, stellen andere respektlos fest. Und ein Bayer mit Gamsbart am Hut will nichts auf seinen Kini kommen lassen. Tatsache ist, dass der beliebte König an der Stelle, wo das Kreuz vor der nach dem Unglück errichteten Votivkapelle im Wasser steht, am 13. Juni 1886 in Begleitung seines Arztes ertrunken ist. Dem **SCHLOSS BERG** sieht man seine königliche Begegnung nicht mehr an, es sieht wie eine stinknormale Villa aus.

Lecker Eis und noch mehr …

Vor oder nach der Bootstour lohnt sich in Starnberg ein Besuch der **EISWERKSTATT**. Serviert wird das köstliche Speiseeis auf Wunsch in einer duftenden Butter-Zimt-Waffel, da können auch die Erwachsenen nicht widerstehen. *Rudolf-Widmann-Bogen 15 b, 82319 Starnberg, www.starnberger-eiswerkstatt.de. Tägl. 9-21 Uhr. Große Eiskugel € 1,50, Spezial-Waffel € 1, 3 Kugeln in der Waffel € 4,90; es gibt auch kalte Getränke, Tee und Kaffee.*

Im Schloss Possenhofen verbrachte Kaiserin Sisi viel Zeit ihrer Kindheit

… und Sisi auch

Das Schiff kreuzt auf die Westseite des Sees und kratzt in **POSSENHOFEN** erneut an einem Stück königlich-bayerisch-österreichischer Geschichte. In **SCHLOSS POSSENHOFEN** (heute Privatbesitz) hat Kaiserin Elisabeth von Österreich in ihrer Kindheit viel Zeit mit Eltern und Geschwistern verbracht. In ihrem Salonwagen kam die Familie regelmäßig im Bahnhof des Ortes an. Dort, wo sie auf die königliche Kutsche wartete, besichtigt man heute das **KAISERIN-ELISABETH-MUSEUM** *[Bahnhof Possenhofen, Schloßberg 2, 82343 Pöcking, Tel. 08157-92 59 32, www.kaiserin-elisabeth-museum-ev.de. Mai-Mitte Okt Fr-So/Feiertage 12-18 Uhr. Erw. € 4, Schüler u. Studenten (ab 14 J.) € 3, Kinder (6-14 J.) € 1]*. Vor allem die Mütter werden hier begeistert romantischen Erinnerungen an ihre eigene Jugend und lange Fernsehabende mit Romy Schneider und Karlheinz Böhm nachhängen. Aber auch für Kinder ist es spannend, mehr über das Leben einer echten Prinzessin zu erfahren. Und die Väter? Die müssen hier einfach einmal ganz tapfer sein …

Bummel auf Sisis Roseninsel

Sisi-Fans können in Possenhofen die Fahrt unterbrechen und etwa eine halbe Stunde auf einem malerischen Fußweg am See entlang südwärts wandern. Man passiert in **FELDAFING** das Strandbad, eins der schönsten am See mit einem empfehlenswerten Restaurant (s. „Kinderfreundliche Badeplätze“, S. 22). Unser Ziel ist aber ein paar Schritte weiter der Glockensteg, wo die **PLÄTTE**, ein überdachtes Holzboot, anlegt *[Fährbetrieb Roseninsel, Tel. 0151-28 74 19 05, www.faehre-roseninsel.de. Mai-Mitte Okt 11-18, Juni-Mitte Sep 10-18 Uhr. Hin u. zurück Erw. € 4, Kinder (7-15 J.) € 1]*. Der einheimische Fährmann stimmt auf den 200 Metern schon einmal mit Anekdoten zur Geschichte der **ROSENINSEL** auf das Eiland ein. Ein Spaziergang kreuz und quer über das Eiland ist entspannend, die Kinder können herumtollen. Zwangsläufig trifft man sich im duftenden Rosengarten mit der bayerisch weiß-blauen Glassäule. Die jungen Besucher blicken gebannt auf die im Sonnenlicht leuchtende, vergoldete Figur auf ihrer Spitze: ein kleines Mädchen mit einem Papagei, der Geschichte nach ein Geschenk Friedrich Wilhelms IV. an seine Gemahlin Elisabeth Ludovika, die eine große Papageienliebhaberin war. Im alten Gärtnerhaus mit kleinem Museum wird die Geschichte der Insel erzählt, die bis zur ersten Besiedlung am See vor 6.000 Jahren zurückgeht. Dank der frühkeltischen Pfahlbauten des 5. Jh. v. Chr., die geschützt unter Wasser liegen, wurde die Roseninsel in den Kreis der UNESCO-Welterbestätten aufgenommen. Wer mehr über die Insel und ihre königlichen Besucher erfahren möchte, bucht eine Führung im sogenannten **CASINO**

Mit der Plätte geht es auf die Roseninsel

Königliche Prunkschiffe

Mit welchem Aufwand die bayerischen Könige ihre Schifffahrt pflegten, vermittelt das **MUSEUM STARNBERGER SEE** zunächst anschaulich mit einem kurzen Film. Dann geht es zu den Originalen, z. B. zum zwei Etagen einnehmenden Prunkschiff „Delphin", getauft nach seiner hölzernen Bugfigur. Weitere Bugfiguren schmücken den Rundgang, abwechselnd mit historischen Gemälden. Sehr sehenswert ist auch der ans Museum angegliederte Bauernhof Lochmann, der adelige und bäuerliche Wohnwelten zeigt.
Possenhofener Str. 5, 82319 Starnberg, Tel. 08151-447 75 70, www.museum-starnberger-see.de. Di-So 10-17 Uhr. Erw. € 3, Kinder (6-15 J.), Schüler, Studenten, Rentner € 2, Familien (Eltern u. eigene Kinder, 6-16 J.) € 7.

[Führung (Tel. 08151 69 75) Mai-Mitte Okt Di-Fr 12.15-16.15 Uhr stündlich, Sa/So/Feiertage 12.15-16.15 Uhr halbstündlich. Erw. € 3, Rentner € 2, Kinder (bis 18 J.) frei].

Hier kam das Kasperle Larifari zur Welt
Die Bootstour geht an Feldafing vorbei nach **TUTZING**, wo sich eines der schönsten Bäder am See, das Südbad, befindet. Doch wir fahren weiter, wieder einmal quer hinüber zum

Ostufer. Schon von Weitem leuchtet das direkt am Seerand stehende **SCHLOSS AMMERLAND** mit seinen zwei Zwiebeltürmen. Diesmal haben Ludwig oder Sisi nichts damit zu tun, es war ein bischöfliches Lustschloss. Doch eine andere Berühmtheit nutzte es drei Jahrzehnte lang als Sommersitz: Franz Graf von Pocci (1807-1876, sprich: Potschi). Das Allround-Genie war Kunstfreund, Maler, Komponist und Literat. Von ihm stammt das Lied „Wenn ich ein Vöglein wär…“ Er karikierte die Beamten als „Staatshämorrhoidarios“, unterstützte „Papa“ Schmid bei der Gründung des Münchner Marionettentheaters und erfand das Kasperl Larifari, eine Gestalt mit Fehlern und Schwächen (s. Kasten rechts und S. 8).

Schöne Strände und ein See-Ungeheuer

Südlich von **AMMERLAND** verändert sich die Uferlandschaft, grüne Wiesen, riesige Eichen, Strände mit

„Mach kein' Larifari …“

Sicher kennt man auch in eurer Familie den Spruch „Mach kein' Larifari“ oder „Das ist doch Larifari“, wenn jemand Unsinn daherredet oder anstellt. Dieser Redewendung zugrunde liegt das Kasperl Larifari, erfunden vom „Kasperlgraf“ Pocci. Es ist eine Figur mit allerlei dunklen Seiten, ein Trickser, Blender und Angeber. Larifari konnte kein ordentlicher Mensch werden, denn er hatte keine Eltern und wuchs in keiner intakten Familie auf. Ein Magier hatte ihn in ein goldenes Ei gezaubert, das er dann einer Henne zum Ausbrüten gab. Kein Wunder, dass Larifari ein Hanswurst blieb, ein Taugenichts, der nie richtig erwachsen wurde.

Im Schloss Ammerland wurde das Kasperl Larifari geboren (Kasten oben)

Der Urlaubsort Seeshaupt ist der südlichste Punkt der Rundfahrt

Stegen verlocken zum Bad. Es ist das Erholungsgebiet Ammerland, das sich bis **AMBACH** ausdehnt (s. „Kinderfreundliche Badeplätze", S. 21). Bald ist der südlichste Punkt der Rundfahrt erreicht, **SEESHAUPT**, wieder ein beliebter Urlaubsort. Dann wechselt das Schiff die Richtung, nimmt Fahrt auf nach **BERNRIED**, dessen berühmtes **BUCHHEIM MUSEUM DER PHANTASIE** *[Informationen unter www.buchheimmuseum.de]* wie ein überdimensionales Sprungbrett Richtung See strebt. Für den Besuch kann man hier einen der möglichen Ausstiege wählen und mit dem nächsten Boot weiterfahren. Die nächsten Stationen wurden bereits am Anfang angefahren. Das finden manche Kinder langweilig, sie verziehen sich lieber auf den Bord-Spielplatz. Oder sie entdecken beim Herumtreiben den Aussichtsturm mit Fernrohren, andere die Aussichtskanzel am Bug. Von dort schauen sie suchend auf das glitzernde Wasser. Sie haben gehört, auf dem Boden des knapp 128 Meter tiefen Sees hause ein riesiges Ungeheuer mit Schlangenleib. Dort unten soll es in vielen Windungen über den Seegrund schlingern. Niemand hat den verängstigten Neugierigen jedoch gesagt, dass der Wurm schon seit der Erschaffung der Welt in der Tiefe seinen Dauerschlaf hält. Das ist auch gut so, denn sollte das Tier erwachen und sein schreckliches Haupt aus dem Wasser recken, würde es den See verlassen, als Folge würde das ganze Land überflutet werden. Da ist es doch besser, die jungen Beobachter verlassen ohne Wurm-Besichtigung enttäuscht ihren Ausguck.

Oberbayerns Fünfseenland
Außer dem Starnberger See gehören zur berühmten Urlaubsregion Fünfseenland der Ammer-, der Wörth- und der Pilsensee sowie der Weßlinger See. Seerundfahrten gibt es auch auf dem **AMMERSEE**, teils sogar mit einem nostalgischen Raddampfer. Das Fahrgastschiff **MS UTTING DER SCHIFFFAHRT AMMERSEE** fährt ab Stegen um 11.55 und 15.45 sowie ab Herrsching um 13.15 und 17 Uhr *[Landsberger Str. 81, 82266 Stegen Tel. 08143-940 21, www.seenschifffahrt.de. Preise und Kinderermäßigung wie Starnberger See, s. S. 81]*. Die Anreise ist ab München mit der Schnellbahn S 8 möglich (Station Herrsching). Wer Herrsching sagt, der muss auch **ANDECHS** sagen. Das Bierkloster ist vom Ort aus zu Fuß oder mit dem Bus erreichbar. Der Klosterbesuch ist vor allem im Rahmen einer Führung aufschlussreich *[Bergstr. 2, 82346 Andechs, Tel. 08152-37 60, www.andechs.de. Juli-Sep Mi/Sa/So 12.05 Uhr. Eintritt frei. Anfahrt: S 8 bis Herrsching, dann zu Fuß auf den Berg, ausgeschildert, oder mit dem Bus der Firma Ammersee Reisen]*. Über die Speisen informiert der Kasten oben. Für Naturliebhaber empfiehlt sich das naturbelassene Westufer des Ammersees mit vielen romantischen Naturbadeplätzen. Bei einem Spaziergang durch die größte Seegemeinde **DIESSEN** im Süden des Ammersees gibt es eine Seltenheit zu entdecken: Deutschlands älteste Kleinzinngießerei (seit 1796). Hier kann man nicht nur Zinnsoldaten erstehen, sondern auch viele andere Souvenirs. Das originelle **ZINNCAFÉ** bietet u. a. Kaffee und Kuchen *[Zinngießerei Babette Schweizer, Herrenstr. 17, 86911 Dießen, Tel. 08807-350, www.schweizerzinn.de, Mo-Fr 9-18, Sa 9-16 Uhr]*.

Nicht nur für die Seele, auch für den Leib

ANDECHS ist nicht nur ein Kloster, sondern auch ein Wirtschaftsgut, das sich selbst finanziert mit Brauerei, Restaurants, Metzgerei und Brennerei. Bayerische Küche wird im Bräustüberl mit Selbstbedienung und Terrasse (tägl. 10-20 Uhr) und im Klostergasthof (tägl. 10-23 Uhr) geboten. Die Schmankerl sind zu günstigen Preisen zu haben: Leberkäs (200 g) € 3,50, Kartoffelsalat € 1,55, 1 Weißwurst € 1,65, Obazda € 4, Kinderteller (Malbuch mit Stiften, 3 Wiener, Minibrezn) € 2,70.

Ausflug zum Bierparadies Andechs

4 DIE TOLLSTEN ATTRAKTIONEN FÜR KINDER

Ein Denkmal für die Liebe

Vor dem Marsch durch das Tor der **BLUTENBURG** *[Seldweg 15, 81247 München, www.blutenburg.de]* strahlen den Bummlern zwei bronzene Gesichter entgegen. Das Denkmal (2013, von Joseph Michael Neustifter) erinnert an die innige Liebe zwischen Herzog Albrecht III. und der Baderstochter Agnes Bernauer. Der Bayer hatte die Schönheit 1428 in einer Badestube in Augsburg kennengelernt, 1431 geheiratet und ihr die Blutenburg eingerichtet, damit sie immer in seiner Nähe sei. Doch die Bürgerstochter war nicht standesgemäß. Albrechts Vater Herzog Ernst nutzte die Abwesenheit seines Sohnes, ließ Agnes verhaften, in Straubing vor Gericht stellen und schließlich von der Donaubrücke in den Tod stürzen. Diese traurige Geschichte ist beim Anblick der mit Türmen bewehrten Burg, die sich in einem kleinen See spiegelt, schnell vergessen. Die Jugend rennt jubelnd zum Wasser, um Enten, Schwäne und Graugänse zu beobachten. Die Graugänse fühlen sich in Münchens Parks wohl und ziehen auch im Winter nicht mehr gen Süden. Der Nachteil für die auf den Wiesen Erholung suchenden Gäste: Jedes Tier hinterlässt pro Tag 2 Kilo Kot. So besucht die Familie lieber die **SCHLOSSKAPELLE** *[April-Sep 9-17, Okt-März 10-16 Uhr]* und bewundert die Zentraltafel des Hochaltars, beim sogenannten Gnadenstuhl hält Gottvater Jesus in seinen Armen. Wer sich für Kinderliteratur interessiert, wählt nebenan die **INTERNATIONALE JUGENDBIBLIOTHEK** *[Mo-Fr 14-18, Mi 9-18 Uhr]*. 600.000 Bücher aus aller Welt warten hier, Leseratten mit speziellen Interessen besuchen das Michael-Ende-Museum oder den James-Krüss-Turm. Danach bietet sich ein Spaziergang zum **SCHLOSS NYMPHENBURG** an *[www.schloss-nymphenburg.de. April/Okt 6-20, Mai-Sep 6-21.30, Nov-März 6-18 Uhr, Fontänen Ostern-Mitte Okt tägl. 10-12 und 14-16 Uhr]*. Ziel ist der 2 Kilometer lange Nymphenburger Park, hier können alle auf schattigen Wegen, vorbei an Kanälen, Kaskaden, Brücken, Seen, Skulpturen und an kleinen Schlösschen wie der Amalienburg, ausreichend Sauerstoff tanken. Unter Spätaufstehern hat sich das Frühstück bis 14 Uhr im Palmenhaus herumgesprochen, Kinder bezahlen dafür nur € 6.10. Familien besuchen zumindest das **MARSTALLMUSEUM** *[tägl. April-Mitte Okt 9-18, Mitte Okt-März 10-16 Uhr. Erw. € 4,50, Kinder (unter 18 J.) frei]*, wo alle die weltweit bedeutendste höfische Kutschensammlung bewundern. Das im gegenüberliegenden Seitentrakt untergebrachte **MUSEUM MENSCH UND NATUR** (s. S. 89) ergänzt den Familienausflug.

Mensch, Natur – und Bruno

Das Münchner Museum Mensch und Natur ist völlig in der Hand der Kinder: Der Geräuschpegel, die Begeisterungsschreie und die spielerisch die Tasten bedienenden Finger beweisen dies jeden Tag aufs Neue. Doch auch die Erwachsenen brauchen in der Regel nicht erst den Hinweis „nicht nur für Kinder", um in diesem interaktiven Museum in Wettbewerb mit ihren Sprösslingen zu treten. Und so wird der Museumsbesuch schnell zum spannenden Familienspiel, getreu dem Motto: „Lernen nach dem Prinzip von Versuch und Irrtum." Begeisternde Naturkunde zum Anfassen gibt es sowohl in der „Bunten Welt der Minerale" – hier werden Sammler geboren – als auch im Bereich „Geschichte des Lebens". Am Modell der „Gläsernen Frau" können kleine Anatomen alle Organe durch Knopfdruck sichtbar machen. Allgemeine Konkurrenz herrscht am Schaukasten mit den Pflanzen-, Fleisch- und Allesfressern. Wer hat hier die Nase vorn, wenn es darum geht, die richtigen Namen der Tiere zu erraten? Spannend! Überraschung für alle: Vor 15 Millionen Jahren lebten in Bayern Krokodile, Elefanten, sogar riesige Schildkröten. Getoppt werden alle Attraktionen allerdings durch Bruno, den (Problem-)Bären, der 2006 ganz Bayern in Atem hielt. Das Präparat von Meister Petz, der sich an Honigwaben labt, ist regelmäßig umlagert von staunenden und traurigen Kindern, die im Anschluss an die Besichtigung mit Zetteln an einer Pinnwand unmissverständlich kundtun, was sie vom Abschuss des großen Tieres halten. Nachdem das wissenschaftliche Interesse befriedigt ist, empfiehlt sich ein entspannter Spaziergang durch den wunderschönen Park des Schlosses Nymphenburg, um die vielen Eindrücke zu verarbeiten (s. Kasten links).

MUSEUM MENSCH UND NATUR, *Schloss Nymphenburg, 80638 München, Tel. 089-179 58 90, www.musmn.de.*
Di-Fr 9-17, Do 9-20, Sa/So/ Feiertage 10-18 Uhr, Erw. € 3,50, Studenten u. Rentner € 2,50, Kinder (unter 18 J.) frei. Buggy-Abstellplatz, Cafeteria, Picknickplatz drinnen und draußen auf der Wiese, in der Ausstellung Ruhebänke für müde Entdecker.
ANFAHRT: *Bus 51, Tram 17, Parkplatz am Schlossrondell.*

Bär Bruno labte sich gern am Honig

Das Deutsche Jagd- und Fischereimuseum ist für die ganze Familie ein Erlebnis

Deutsches Jagd- und Fischerei-museum

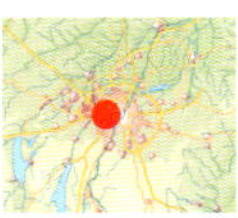

Die Angst vor muffigen, ausgestopften Tieren ist in den edlen Räumen der ehemaligen Augustinerkirche schnell genommen. Die Tiere werden in Vitrinen in ihrer natürlichen Umgebung gezeigt. Zur Freude der kleinen Besucher dürfen in der Streichelecke sogar Reh, Hirsch, Wildschwein, Dachs und Hase angefasst werden. Spannend wird es auf dem „Waldpfad", dort können Kinder und Erwachsene mit einer Chipkarte getrennt die Zusammenhänge von Mensch, Tier und Natur kennenlernen. Tierstimmen wollen erraten, Fragen kindgerecht beantwortet werden. Wer weiß, wer der Vater vom weiß gefleckten Bambi ist? Der Hirsch oder der Rehbock?
In der Abteilung Fischerei befinden sich die Besucher „unter Wasser" und tapsen doch trockenen Fußes über Kies, Fels und Matsch. Es blubbert und quietscht, während per Touchscreen die Tierwelt der Isar, des Königssees und der Donau erforscht wird. Und wenn die kleinen Schlauberger plötzlich verschwunden sind, findet man sie bestimmt im Piratenschiff beim Clownfisch Nemo wieder.

DEUTSCHES JAGD- UND FISCHEREIMUSEUM, *Neuhauser Str. 2, 80331 München, Tel. 089-22 05 22, www.jagd-fischerei-museum.de. Tägl. 9.30-17, Do bis 21 Uhr. Erw. € 5, Kinder (3-16 J.) € 2,50, Familienkarte € 8.*
ANFAHRT: *S- oder U-Bahn bis Karlsplatz (Stachus) oder Marienplatz.*

Spielereien mit ernstem Hintergrund

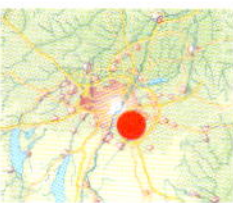

Erstes Ziel im Deutschen Museum ist für Familien das neue Kinderreich. Es richtet sich in erster Linie an Kids von 3 bis 8 Jahren, doch auch Jugendliche können sich dem Spaß nicht entziehen. Sie testen ihre Kräfte am Flaschenzug und ihr Feingefühl an den Saiten einer Riesengitarre. Gemeinsam baut dann die ganze Familie eine Kugelbahn-Arena, testet den flinken Lauf der Kugel – nur Tüftler verhindern, dass das rollende Biest nicht ständig auf den Boden fällt. Im Lichtgang wundern sich alle über die Geheimnisse der Lichtfarben, bewundern ihr eigenes Wärmebild und – kaum zu glauben – sehen ihren eigenen farbigen Schatten. Erstaunt sind alle über die Fähigkeiten des Hochleistungsorgans Ohr. Nun wird verständlich, wie es Ludwig van Beethoven schaffte, trotz Taubheit Musik zu spüren und Sinfonien zu komponieren. Allerdings ist es nur eine Legende, der Musiker habe wegen seines ungenügenden Vibrationsempfindens das „Lied an einen Säugling" komponiert. Diese Melodie schuf er nämlich bereits mit 12 Jahren.

DEUTSCHES MUSEUM, *Museumsinsel 1, 80538 München, Tel. 089-217 93 33 (tägl. 9-15 Uhr), besucherservice@deutsches-museum.de, www.deutsches-museum.de. Tägl. 9-17 Uhr, Erw. € 11, Senioren (ab 65 J.) € 7, Kinder (6-15 J.), Schüler, Studenten € 4, Familienkarte (2 Erw. und eigene Kinder/Enkel bis 15 J.) € 23.*
UMBAU: *Das Museum wird generalsaniert, der erste Bauabschnitt soll Ende 2020 fertig sein, das gesamte Haus im Jahr 2025. Trotz Umbaus zu besichtigen sind das Kinderreich, Teile des Bergwerks, Astronomie, Physik und Pharmazie sowie das Planetarium.*
ANFAHRT: *S-Bahn Isartor, U-Bahn Fraunhoferstraße.*

Anna, Lena und Pauline testen ihre Hörfähigkeit

BMW Welt: Kinder in der Autowelt

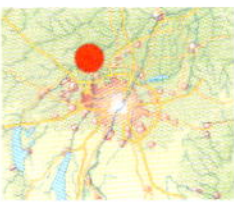

Einen spannenden Einblick in die Welt des Automobils bietet die BMW Welt. Interessierte haben die Möglichkeit, kostenlos herumzuschnuppern oder an ausführlichen Führungen teilzunehmen. Die BMW Welt hat sogar einen eigenen Junior-Campus, geeignet für Kinder von 7 bis 13 Jahren. Bei „Mission Mobilität" ist es Aufgabe der Detektive, die gesuchten Fahrzeuge aufzuspüren und viele Informationen zu sammeln: Wie groß ist das Fahrzeug? Ist es eher rund oder kantig? Welche Höchstgeschwindigkeit erreicht es? Als Hilfe wird ein Detektivkoffer zur Seite gestellt. Der neue 2 ½-stündige Vorschul-Workshop „Farben, Formen, Fahrzeuge" ist auf das Wissen und Können von 5- bis 6-Jährigen ausgelegt. Auf der Entdeckungsreise schulen die Kinder bei spannenden Geschichten rund um das Auto ihre Wahrnehmung und Merkfähigkeit. Im Anschluss gestalten sie mithilfe bunter Materialien und mit Stempeln eine eigene kleine Isetta.

BMW WELT, *Am Olympiapark 1, 80809 München, Anmeldung: Tel. 089-125 01 60 01, infowelt@bmw-welt.com, www.bmw-welt.com. Beide Workshops 2 ½ Std., Di-Fr 10.15 Uhr, „Mission Mobilität" auch Sa/So/Feiertage 15 Uhr. Pro Kind € 5,50, 3 Begleitpersonen frei.*
ANFAHRT: *Ab Marienplatz U 3 bis zur Station Olympiazentrum, von dort sind es bis zur BMW Welt nur noch wenige Schritte.*

Junior-Campus in der BMW Welt für Kinder von 7 bis 13 Jahren

Tierpark Hellabrunn

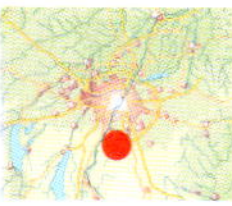

Für Eltern mit Kindern ist der Isar-Eingang zu empfehlen (s. Tour 8, S. 73). Dort strömen die Familien mit Kinderwagen, Buggys oder gemieteten Bollerwagen (€ 5), vorbei am Café Mühle (eigene Bäckerei, hervorragender Kuchen), angeführt von jubelnden Kindern, schnurstracks zum Streichelzoo. Die putzigen Zwergziegen dürfen am Hals und hinter den Ohren gekrault werden, für allzu verliebte Kids gilt: Nicht tragen oder an den Hörnern ziehen! Und Vorsicht: Die niedlichen Tierchen können nicht unterscheiden, ob das Futter in Taschen oder Rucksack für Tiere oder Menschen bestimmt ist … Die folgende Südstrecke ist garniert mit Verpflegungsstationen, die Aussichtspunkte auf Spielplätze und Tiergehege bieten. Am Nashorn-Spielplatz kann die abenteuerlustige Jugend den Wipfelpfad mit Blick auf Antilopen, Kraniche und Hirsche besteigen. Oder sich am Wasserspielplatz austoben, während die Erwachsenen im Familiencafé Rhino (März-Okt) Panini oder Pizza bestellen. Schnell ein Blick auf die Uhr: Ein kurzer Abstecher zur Hellabrunn-Arena (Trainingswiese) verspricht neue Erlebnisse. Dort können Kinder täglich um 11.15 Uhr Lamas sowie Ponys streicheln und führen. Freuen würde sich auch die Elefantendame Panang über einen Besuch. Dann lockt das Kinderland mit Karts und Baggern. Leckereien wie Zuckerwatte und Schokofrüchte verführen im Süßen Stadl nebenan (ganzjährig).

Genug gespielt und geschleckt? Dann auf in die Südostecke des Zoos, in die Polarwelt, möglichst zur Fütterung von Seelöwen (11.30 Uhr), Eisbären (15.30 Uhr) und Königspinguinen (10.45 Uhr). Danach ist vielleicht eine Mahlzeit angesagt, verbunden mit einer Spielzeit für die Kinder. Also, auf zum in der Nähe der Polarwelt wartenden Tierpark-Restaurant mit Biergarten. Auf dem benachbarten Abenteuerspielplatz geht es dann wieder tierisch los. Auf Schwingschaukeln und den Seilen des Spielgerüsts werden gelenkige Kinder zu flinken Kletteräffchen.

Im Streichelzoo: Nicht an den Hörnern ziehen!

TIERPARK HELLABRUNN,
Tierparkstr. 30, 81543 München, Tel. 089-62 50 80, tierpark@hellabrunn.de, www.hellabrunn.de. Tägl. 9-18, im Winter bis 17 Uhr. Erw. € 15, Kinder (4-14 J.) € 6, Familienticket mit 1 Elternteil und Kindern (4-14 J.) € 19, mit beiden Eltern € 33.
ANFAHRT: *U 3 bis Station Thalkirchen.*

Flug mit der Seilrutsche Flying Fox über die Arena des Olympiastadions

Klettern über Dächer und rasend runter

Was der Olympiapark bietet, ist der wahre Kick, ein cooles Höhenerlebnis. Gut abgesichert geht es hoch auf das architektonisch sensationelle Dach und schließlich mit Europas längster Seilrutsche, dem sogenannten Flying Fox, 200 Meter quer über die Arena des Olympiastadions nach unten. Rund 2 Stunden sind die mutigen Kletterer auf 40 bis 50 Meter Höhe unterwegs auf Stegen mit Geländer. Abgesehen von dem prickelnden Abenteuer ist schon der Blick auf die Stadtkulisse bis zu den bayerischen Voralpen ein Erlebnis für sich. Zum „Abstieg" per Drahtseil gehört etwas Überwindung, aber fast jeder Wildfang ab 10 Jahren schafft es mit klopfendem Herzen. Die Bedingungen für Kinder: mindestens 1,40 Meter groß, über 40 Kilo schwer, Schuhe mit Gummisohlen, bequeme Freizeitkleidung, keine Röcke!

OLYMPIAPARK MÜNCHEN, *Spiridon-Louis-Ring 21, 80809 München, Tel. 089-30 67-24 14 u. -24 15, besucherservice@olympiapark.de, www.touren-olympiapark.de. Freie Termine im Internet. Erw., Schüler u. Studenten € 73, Kinder (10-15 J.) € 63.*
ANFAHRT: *U 3 bis Station Olympiazentrum, ca. 10 Min. Fußweg; Trambahn 20 und 21, Haltestelle Olympiapark West; Bus 173, Station Olympiazentrum und Petuelring.*

Sea Life – fantastische Wesen im Meer

Da sind die jungen Besucher kaum wiederzuerkennen: Sie streichen gefühlvoll über die Stacheln der Seeigel, versorgen Seeanemonen mit Krill, lassen Putzergarnelen am Finger knabbern, füttern hungrige Fische mit schmackhaften Krebstierchen. In der Oktopus-Höhle, Wohnstatt der achtarmigen Tintenfische, legen sie die Handfläche vorsichtig gegen die Glasscheibe und – siehe da! – der Krake kommt und erwidert die Begrüßung (Fütterung Mo-Fr 13.45, Sa/So 14.30 Uhr). Zur Familie der Oktopoden gehört auch der Nautilus, der besondere Beachtung verdient: Ihn gibt es schon seit über 500 Millionen Jahren. Übrigens: Durch bodentiefe Becken können auch die kleinsten Besucher die Meeresbewohner aus nächster Nähe beobachten. Zu lernen ist beispielsweise, dass der Pyjamahai seinen Namen den dunklen Streifen verdankt und passend dazu täglich bis zu 16 Stunden schläft. Oder dass Pinguine gern auf dem Bauch über eine Eisbahn ins Wasser rutschen. Oder dass der Clownfisch Nemo, ein Kinderliebling, in enger Symbiose mit der Seeanemone lebt: Ihre giftigen Tentakel schützen ihn vor Raubfischen, er revanchiert sich, indem er Fressfeinde der Anemone verschreckt.

SEA LIFE, *Willi-Daume-Platz 1, 80809 München, Tel. 089-45 00 00, www.visitsealife.com. Mo-Fr 10-17, Sa/So/Feiertage 10-18 Uhr. Erw. € 17,95, Kinder (3-14 J.) € 14,50, Familien € 45,95 (2 Erw. + 2 Kinder, 3-14 J.).*

ANFAHRT: *Siehe Olympiapark München.*

Spannender Besuch bei Pyjamahai und grüßendem Oktopus

Familien-ausflug zum Airport

Kaum zu glauben, Jung und Alt dürfen hier den aufregenden Betrieb eines Flughafens mitten auf der Landebahn erleben. Mit dem Bus fährt man direkt auf das Gelände, zwischen ankommende und abfliegende Jets. Doch halt, zuerst geht's natürlich zur Leibesvisitation, es gibt Sicherheitskontrollen wie beim Flug in den Urlaub. Nur zögerlich legen die jungen Besucher ihren Rucksack in die Röntgenwanne, dann der Schritt durch ein mit Detektoren bestücktes Tor, wo es laut piepst, wenn sich Metallenes in der Hosentasche befindet. Die nächste Aufregung wartet draußen auf dem Flughafengelände. Dort können die kleinen Entdecker die Ankunft der größten Maschine der Welt miterleben, des Airbus A380-800. In der Maschine der Fluggesellschaft Emirates düsen etwa die Scheichs und ihre verschleierten Damen im oberen Deck mit einer Reisegeschwindigkeit von 0,85 Mach von der Arabischen Halbinsel nach München. Wie schnell? (Lösung s. unten rechts). Zurück im Besucherzentrum, wo sich alle um eine riesige drehbare Kugel versammeln, die mit einem 3-D-Multitouch-System und einem Fisheye-Projektor ausgestattet ist. Die jungen Besucher scharen sich neugierig um das Wunderwerk, das in Sekundenschnelle Reiserouten quer über die Erdkugel anzeigen kann. Schnell entsteht ein Fragespiel, wie die Hauptstadt des jeweils angeflogenen Landes heißt. Ist Den Haag die Hauptstadt der Niederlande? Zürich von der Schweiz? Sidney von Australien? (Auflösung s. unten rechts). Heiß begehrt ist auch der Spielpark mit asiatischen Drachentempeln und Pagoden, Kletterdschungel und Wüste. Dann ab zum

Anna, Lena und Pauline besuchen Tante Ju

Verpflegung bei Tante Ju's Speisenwerkstatt

Im Besucherpark braucht man nicht zu hungern. Bei **TANTE JU'S** mit großer Terrasse (tägl. 9-19 Uhr) gibt es Gerichte aus der ganzen Welt, bayerische Klassiker und hausgemachten Kuchen. So zum Beispiel Pommes für € 2,80, Schnitzel mit Pommes oder Hamburger mit Pommes für € 7,90, 3 Kartoffelpuffer mit Apfelmus für € 6,40. Eltern sitzen gern im großen Biergarten mit perfekter Sicht auf den Spielplatz.

Drehkreuz (€ 1) und hoch zum Besucherhügel (172 Stufen), von dem aus Start und Landung aller Maschinen beobachtet werden können. Durch ein anderes Drehkreuz (€ 1) kommt man zu zwei historischen Flugzeugen, deren Kabinen besichtigt werden dürfen: die Lockheed Super Constellation und die Junkers Ju 52, Spitzname Tante Ju. Wer schwindelfrei und mindestens 5 Jahre alt ist, wagt sich in die „Ventures Simulation": In einer geschlossenen Kabine mit Bildschirm und Kurven-Simulation wähnt man sich als Kamikaze-Pilot auf wildem Flug, beispielsweise durch die bizarre Gletscherwelt.

FLUGHAFEN MÜNCHEN, BESUCHERSERVICE,
Verwaltungsgebäude, Nordallee 7, 85356 München, Info-Tel. 089-97 54 13 33, info@munich-airport.de, www.munich-airport.de.

Ländersuche mit 3-D-Multitouch-System

Mo-Do 9-16.30, Fr-So 9-13 Uhr, Erlebnisspielplatz (freier Eintritt) und Besucherhügel ganzjährig rund um die Uhr zugänglich, Besucherzentrum, Airport-Shop und historische Flugzeuge tägl. März-Okt 9.30-18, Nov-Feb 9.30-17 Uhr. Airport-XXL-Tour Sa/So/Feiertage 13.30 Uhr, Dauer 90 Min. Erw. € 14, Kinder (5-13 J.) € 10, Kinder (unter 5 J.) frei. „Ventures Simulation" Erw. € 3,50, Kinder (5-16 J.) € 2.
ANFAHRT: *S 1 oder S 8 bis Station „Besucherpark", von dort 10 Min. Gehzeit (800 Meter), ausgeschildert. Mit dem Pkw A 92, Abfahrt Flughafen München, der Beschilderung zum Besucherpark folgen bis zum Parkplatz P 51.*

Geschwindigkeit Mach 0,85, das sind in Reiseflughöhe 916 km/h. Hauptstädte: Niederlande: Amsterdam, Den Haag hingegen ist Parlaments- und Regierungssitz des Königreichs Niederlande, Schweiz: Bern, Australien: Canberra.

Nervenkitzel hoch oben im Blätterwald

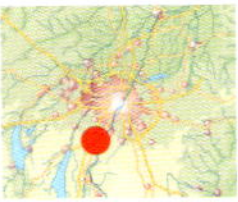

Oben in den Bäumen finden alle Altersklassen ihr Abenteuer, angefangen vom 3-jährigen Zwergl bis zum rüstigen Opa. Ob über die Brezn-Schaukel, den Affenweg, die 14 Meter lange Dschungelbrücke oder hängend an der Hangelleiter, Nervenkitzel ist garantiert.
Aber auch totale Sicherheit. Und für die Jüngsten ab 3 Jahren wurde extra ein Kinder-Parcours gebaut, bei denen die (Groß-)Eltern begleitend nebenherlaufen können. Für besonders aktive Kids gibt es den rasanten Flying-Fox-Parcours mit insgesamt sieben Seilbahnen.

Abenteuer: Brezn-Schaukel und Affenweg

MÜNCHNER WALD – KLETTERWALD VATERSTETTEN, *Ottendichler Str. 1, 85591 Vaterstetten, Tel. 0807-103 51 50 (Büro), Tel. 08106-999 11 90 (Wald), info@muenchner-wald.de, www.muenchner-wald.de. Sommer 9-20/21 Uhr, sonstige Zeiten s. Website. 3 Std. Erw. € 23, Teenies (13-17 J.) € 20, Kinder (6-12 J.) € 17,50, Einzelpreis Kinderparcours (ab 3 J.) € 11, freier Eintritt für nicht kletternde Begleiter.*
ANFAHRT: *S 4 oder S 6 bis Vaterstetten, zu Fuß (2,2 Kilometer, ca. 30 Min.) oder mit dem Fahrrad (ca. 10 Min.) der Bahnhofstraße Richtung Ortsmitte folgen, dann bis zum Ortsende, am Kreisverkehr links in die Ottendichler Straße einbiegen, ca. 500 Meter bis zum Ziel. Per Pkw über die Wasserburger Landstraße/B 304, in Vaterstetten in die Möschenfelder Straße einbiegen, dann s. o.*

Weitere Kletterwälder im Raum München mit ähnlichen Angeboten und Preisen:

KLETTERWALD MÜNCHEN, *am Walderlebniszentrum, 82031 Grünwald, Tel. 089-88 90 23 55, www.kletterwald-muenchen.de.*
KLETTERINSEL FÜRSTENFELD, *Zisterzienserweg s/n, 82256 Fürstenfeldbruck, Tel. 08141-810 92 64, www.kletterinsel.de.*
HOCHSEILGARTEN AMMERSEE, *Fahrmannsbachstr. 2, 86917 Utting am Ammersee, Tel. 08806-923 49 20, www.hochseilgarten-ammersee.de.*

Wo Eichhörnchen aus der Hand fressen

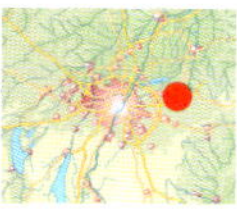

Diesmal bestimmen die Knirpse den Zeitplan. Dieser Familienausflug bleibt unvergesslich. Fast wie in freier Wildbahn begegnen den Besuchern auf einem 4 Kilometer langen, für Kinderwagen geeigneten Wald- und Wanderweg Wildtiere unserer Region. Nebenbei lernen die Kleinen den Unterschied zwischen Rehen und Hirschen kennen. Damwild mit schaufelartigem Geweih und Mufflons mit nach hinten gebogenen Hörnern (Jägersprache: Schnecken) schnuppern neugierig an den Taschen, niedliche Kitze suchen Kontakt mit den im Buggy sitzenden Knirpsen. In eingezäunten Waldstücken zerren Wölfe an ihrer Beute oder liebkosen paarungsbereite Partnerinnen. Höhepunkt ist das Treffen mit Braunbärin Mia und ihrem Nachwuchs Maja, Mette und Molly, eine vorbildliche Familie, die mit lustigen Spielereien alle zum Lachen bringt. Für Kinder besonders aufregend ist der Streichelzoo, wo sogar das Eichhörnchen aus der Hand frisst. Spannend ist es auch, Falke, Adler und die tagaktive Schneeeule zu beobachten, die geräuschlos knapp über die Köpfe der Zuschauer rauschen (Greifvogelschau im Preis inbegriffen, April-Okt Sa-Do 10.30 u. 15 Uhr). Getobt werden darf auf dem Abenteuerspielplatz mit Westernfort, während die Erwachsenen sich auf der Wiese am preiswerten Kiosk versorgen oder das mitgebrachte Picknick herrichten. Kleine Einschränkung: Hunde müssen draußen bleiben.

Braunbärin Mia mit einem ihrer 3 Jungen

WILDPARK POING, *Osterfeldweg 20, 85586 Poing, Tel. 08121-806 17, info@wildpark-poing.de, www.wildpark-poing.de. April-Okt 9-17, Nov-März 9-16 Uhr. Erw. € 8,50, Kinder (3-14 J.) € 5, kostenloser Parkplatz.*
ANFAHRT: *Mit dem Pkw A 94 Richtung Passau, Ausfahrt Parsdorf/Poing, in Poing Ausschilderung folgen. Mit der S 2 Richtung Markt Schwaben/Erding, Haltestelle Poing, von dort ca. 20 Min. Fußmarsch.*

Es schwirrt und summt im Insektenhotel

Walderlebnis-zentrum Grünwald

Schon die Kleinsten entwickeln am Sinnespfad überraschenden Ehrgeiz: Im Fühlbaum ertasten sie mutig, ob sich hinter der Klappe ein Tierfell, ein Geweih oder eine Baumscheibe versteckt. An der Station Waldstimmen lauschen sie begeistert dem Singen der Vögel oder dem Röhren des Hirsches. Und an der Duftorgel stecken sie immer wieder das Näschen in die Astlöcher, um zu erraten, ob es dort nach Pfefferminz oder Tannennadeln duftet. Voller Überraschungen und Lerneffekten steckt dann der etwa 3 Kilometer lange Waldpfad, der auch gut mit dem Kinderwagen erforscht werden kann. Mit kribbelnden Füßen und geschlossenen Augen wird auf dem mit Tannenzapfen, Steinen und Rinde bedeckten Tastpfad der Belag erraten. Der Weg führt auch zu einem Xylophon, an dem sich viele kleine Hände erproben, bis ein zaghaftes „Hänschen klein …" in die Baumwipfel steigt. Sportlich wird es dann an der Sprung-Sandgrube, wo die Jüngsten mit dem Frosch (0,4 Meter) oder dem Floh (0,6 Meter) wetteifern, die Älteren mindestens dem Hasen (2 Meter) Paroli bieten oder gar dem Fuchs (2,8 Meter). Nur die Großen geben ermattet auf, weil sie es nicht mit einem Reh (5 Meter) aufnehmen können. Bald ist es Zeit für die Wildschwein-Fütterung: Jeden Tag um 16 Uhr werden den Schwarzkitteln Gemüse und Obst serviert, ein wahrlich grunzendes Vergnügen. Wer noch mehr Bewegung braucht, findet in der Nachbarschaft den **KLETTERWALD MÜNCHEN** mit sehr fantasievoll angelegten Seilpfaden, einer 129 Meter langen Seilbahn und 65 Kletterelementen (Adresse s. S. 98).

WALDERLEBNISZENTRUM GRÜNWALD, *Sauschütt, 82031 Grünwald, Tel. 089-649 20 99, kontakt@walderlebniszentrum-gruenwald.de, www.walderlebniszentrum-gruenwald.de. Tägl geöffnet, Erlebnispfad und Wildschweingehege immer zugänglich, Ausstellungspavillon 8-16.30 Uhr. Eintritt frei. Sa und So Kiosk mit frisch gebackenen Waffeln.*
ANFAHRT: *S 7 bis Höllriegelskreuth, dann Bus 271 Richtung Ascholding bis Haltestelle Grünwald Friedhof, von dort beschilderter Fußweg von 10 Min. Mit dem Pkw von Grünwald kommend Richtung Straßlach, 200 Meter nach dem Ortsausgangsschild links in die beschilderte Waldeinfahrt mit Parkplatz, 5 Min. zu Fuß.*

Der Traum vom Fliegen

Schon Kinder ab 4 Jahren können in der Jochen Schweizer Arena den Traum vom Fliegen erleben. Mit nichts als dem eigenen Körper schweben sie in einem künstlich erzeugten Windkanal in der Luft. Nur getragen von einem über 200 Stundenkilometer schnellen Luftstrom! Vorkenntnisse sind nicht erforderlich, die komplette Bodyflying-Ausrüstung mitsamt Helm, Schutzbrille und Fluganzug wird gestellt. Die gesamte Prozedur dauert 1 ½ Stunden, das reine Flugabenteuer 2 Minuten. Preis für Kinder zwischen 4 und 14 Jahren (Körpergewicht bis 120 Kilo) ab € 39,90. Ein anderes Erlebnis für Kinder ab 8 Jahren in der gleichen Abenteuerarena ist der Surfkurs auf Deutschlands erster Indoor-Surfwelle. Die Welle hat eine Höhe bis zu 140 Zentimetern. Für Kinder beträgt der Preis für 45 Minuten Surfen in einer Gruppe (max. 12 Personen) € 34,90.

Fliegen mit der Kraft des Luftstroms

Die Welt des Films

Ein Erlebnis für die ganze Familie ist es, endlich einmal vor und hinter die Kulissen der Filmwelt zu schauen. In der **BAVARIA FILMSTADT** kann man etwa in das Originalmodell des weltbekannten U-Boots aus dem Kinoklassiker „Das Boot" steigen, dem kuscheligen Glücksdrachen Fuchur aus „Die unendliche Geschichte" begegnen oder sich zwischen den Dekorationen von „Jim Knopf und Lukas der Lokomotivführer" von Michael Ende bewegen. Wer größer ist als 1,22 Meter, darf in den Sesseln des 4-D-Erlebniskinos Platz nehmen und auf dem rasanten „Wild West Mine Ride" erleben, wie der Sheriff und sein tapferes Pferd den schwerfälligen Gangster jagen.
Bavariafilmplatz 7, 82031 Geiselgasteig bei München, Tel. 089-64 99-20 00, www.filmstadt.de. April-Okt 9-18, Nov-März 10-17 Uhr. Eintritt inkl. Attraktionen Erw. € 27,50, Kinder (6-17 J.) € 22.

JOCHEN SCHWEIZER ARENA, *Ludwig-Bölkow-Allee 1, 82024 Taufkirchen, Tel. 089-70 80 99 10, info@jochen-schweizer-arena.de, www.jochen-schweizer-arena.de. Mo-Fr 7.30-23, Sa/So 9-23 Uhr.* **ANFAHRT:** *Bus 213 ab Ostbahnhof bis Haltestelle Hugo-Junkers-Straße, Taufkirchen. Mit dem Pkw Autobahnausfahrt A 8 Taufkirchen, Areal der Airbus Group.*

Mit Schaf und Ziege schmusen

Der Rundweg durch den Bergtierpark ist etwa 2,2 Kilometer lang. In den Tiergehegen zwischen grünen Wiesen und Wäldern warten heimische Wildtiere wie das Mufflon, das im Sommer weiß gefleckte Damwild (Bambi), die männlichen Tiere mit kräftigem Schaufelgeweih, Rotwild (Hirsch und Reh) und die borstigen Wildschweine. Die Tierschau geht weiter mit Esel, Huhn, Kaninchen, Lama, Nutria, Pferd und Pinzgauer Rind. Wer sich für eine Führung entscheidet, findet Antworten auf viele Fragen, etwa.: Welches ist unser ältestes Haustier? Wie viel Milch gibt ein Schaf? Außer dem Café (s. Kasten) gibt es im Wald einen Grillplatz mit gemauerten Feuerstellen, Tischen und Bänken, beim Spielplatz eine Picknickwiese für Selbstverpfleger. Bei schlechtem Wetter oder zu viel Sonne lockt die umgebaute Scheune auf drei Etagen mit meterlangen Hängebrücken und einer fliegenden Gondel. Die ganz Kleinen finden im Erdgeschoss eine Burgenwelt, einen Riesensandkasten und Rutschautos. Für Eltern gibt es einen Ruheraum mit Alpenpanorama und Relaxliegen.

Wer ist neugieriger, Reh oder Familie?

Grillen oder ans Buffet

Wer keine Verpflegung für Picknick oder Grillvergnügen mitgebracht hat, wird im **PARK-CAFÉ** mit Terrasse versorgt: Semmel mit Wurst € 2,30, Suppe € 3,90, Wiener mit Brot € 4,10, Nudelgerichte € 4,40, Getränke (0,5 l) € 3, Buttermilch € 3,90. Radler € 3,50. In den sanitären Anlagen gibt es Wickeltische.

BERGTIERPARK BLINDHAM, *Blindham 3, 85653 Aying, Tel. 08063-20 76 38, kontakt@bergtierpark.de, www.bergtierpark.de. Tägl. April-Okt TierPark 9-20 Uhr, SpielStadl 9-18, Nov-März beide 10-18 Uhr. Erw. € 7,50, Kinder (1-14 J.) € 6,50, Hunde an der Leine € 0,50, Bollerwagen € 3.* **ANFAHRT:** *A 8, Ausfahrt 96 Hofoldinger Forst, links Richtung Aying, vor Aying rechts auf die St. 2078 Richtung Rosenheim, dann ca. 6 Kilometer geradeaus. Nach Blindham vor Kilometer 30 links abfahren.*

Freizeitpark Märchenwald im Isartal

Ein abwechslungsreicher Familienspaß für Kinder bis 12 Jahre. Die jungen Erdenbürger stehen begeistert vor den 29 beweglichen Märchenbildern, juchzen, wenn auf Zuruf Rapunzel die Haare fallen lässt. Alle lachen sich im Huberhof kaputt, wo sich lebensgroße Haustiere bewegen und gackern, meckern oder grunzen. Mutige Buam und Madln üben Überschlag im Luna Loop, jagen quietschend in die Kurven der Oachkatzl-Achterbahn. Andere suchen Abenteuer auf mehreren Etagen des Spielhaus-Labyrinths, wo Eltern keinen Zugang haben, sie würden sonst in Hindernissen stecken bleiben. Hoffnungsvolle Erwachsene suchen

Auf dem Weg zu den gackernden Hühnern

danach den Schnullerfeebaum auf, wo sich mancher Springinsfeld von seinem „Lutschgummi“ voller Stolz verabschiedet – zumindest vorerst. Neben mehreren Kiosken mit kindgerechter Verpflegung (s. Kasten) gibt es das Brotzeitstadl, wo Mitgebrachtes verzehrt werden kann.

FREIZEITPARK MÄRCHENWALD IM ISARTAL, *Kräuterstr. 39, 82515 Wolfratshausen, Tel. 08171-38 55 838, reservierung@maerchenwald-isartal.com, www.maerchenwald-isartal.com. Ostern-Mitte Okt 9-18 Uhr. Erw. € 14, Senioren (ab 60 J.) u. Kinder über 85 Zentimeter € 12,50, unter 85 Zentimetern frei, Kinder (bis 14 J.) am Geburtstag (Ausweis) frei.*
ANFAHRT: *Mit der S 7 bis Station Wolfratshausen, mit Bus 370 Richtung Geretsried bis Haltestelle Farchet. Mit dem Pkw über die A 95 Garmisch-Partenkirchen, Ausfahrt Wolfratshausen, ab der Kreuzung Schießstättstraße/Moosbauerweg/Margeritenstraße ausgeschildert.*

Zwischendurch den Hunger stillen

Aus der Kinderkarte „Schlemmer-Märchen“: Pommes € 3,80, mit 1 Paar Wienern € 5,40, Bratwurst mit Kartoffelsalat € 7,50, Schnitzelsemmel € 3,90, 6 Chicken-Crossies mit Pommes € 6,50, Fleischpflanzerl mit Pommes € 6,50, Kinderschnitzel mit Pommes € 7,50, Brezn € 1, Kuchen € 2,90. Guten Appetit!

Kamelreiten im Mangfalltal

30 Dromedare und Trampeltiere grasen auf den Wiesen der Kamelfarm in Grub. Auf ihrem Rücken können Familien durch den Teufelsgraben und an der Mangfall entlangschaukeln (s. auch Tour 6, ab S. 61). Die Farm kann besichtigt werden. Ausritte bitte vorher buchen.

BAYERN-KAMELE, *Rosenheimer Str. 4, 83626 Grub (Gemeinde Valley), Tel. 08063-99 66, info@ bayern-kamele.de, www.bayern-kamele.de. Ganzjährig, Besichtigung Di-So 9.18 Uhr. Kamelritt ab 4 Pers. Erw. € 40, Kinder € 30, Lama- oder Eseltrekking 2 Std. pro Tier € 20.*

ANFAHRT: *S 7 bis Kreuzstraße, 3 Kilometer Fußweg bis Grub, auf Wunsch Abholservice. Per Pkw A 8 Richtung Salzburg, Ausfahrt Hofolding, in Faistenhaar rechts, 8 Kilometer bis Kreuzstraße, an Kreuzung links bis Grub, Ortsende.*

Kinder- und Jugendfarm

Einer der schönsten tierischen Abenteuerspielplätze der Stadt: eine ganze Farm mit Ponys, Ziegen, Schafen, Hängebauchschweinen, Katzen, Kaninchen und Meerschweinchen. Die Tiere dürfen gestreichelt und versorgt werden, sogar Kinder unter 6 Jahren können helfen. Alles unter Aufsicht pädagogisch ausgebildeter Tierpfleger. Ein Spielplatz, eine große Wiese und eine Stelle für das Lagerfeuer ergänzen das Angebot. *www.jugendfarm-muenchen.de. Ganzjährig Di-Sa 10-18 Uhr. Eintritt kostenlos.*

KINDER- UND JUGENDFARM NEUAUBING, *Wiesentfelser Str. 59, 81249 München-Neuaubing, Tel. 089-871 12 87, neuaubing@ jugendfarm-muenchen.de, und* **KINDER- UND JUGENDFARM RAMERSDORF,** *Görzer Str. 95, 81549 München-Ramersdorf, Tel. 089-60 06 28 15, ramersdorf@ jugendfarm-muenchen.de.*

Lernprozess: Welches ist hier ein Trampeltier, welches ein Dromedar?

5

GUT ZU WISSEN

Fakten von A bis Z

Ankunft/Anreise

AUTOREISENDE: Die Großstadt München hat noch immer keinen geschlossenen Autobahnring, die Autobahnen laufen sternförmig auf die bayerische Metropole zu. Vom Norden (Nürnberg) die A 9, dann die A 99, aus dem Stuttgarter Raum die A 8, sie trifft ebenfalls auf die A 99, aus dem Südwesten bzw. über Memmingen vom Bodensee die A 96, vom Süden her die Garmischer Autobahn A 95. Fast fertig ist die A 94 aus dem Osten Bayerns und den südöstlichen Raum erschließt die A 8 München-Salzburg.

BAHNREISENDE: Den Eisenbahnknotenpunkt München erreicht man von allen Richtungen mit ICE, EC und Regionalzügen, die vor allem für die Weiterfahrt durch die Region empfehlenswert sind (und z. B. mit dem Bayern-Ticket kostengünstig). Für Familien sind während der Ferienzeit auch die Autoreisezüge interessant, die zwar von der Deutschen Bahn 2016 endgültig eingestellt, aber von anderen Betreibern wie dem Urlaubs-Express wieder aufgenommen wurden. Interessant ist vor allem die Strecke von Hamburg-Altona nach München-Ost *[s. www.urlaubs-express.de bzw. www.autoreisezug-planer.de]*.

FLUGREISENDE: Günstig sind die immer wieder angebotenen City-Tarife nach München. Der Franz-Josef-Strauß-Flughafen liegt rund 30 Kilometer vom Ortszentrum entfernt im Erdinger Moos, ist allerdings gut an München angebunden: per S-Bahn (S 1 und S 8) alle 10-20 Minuten sowie per Bus zum Hauptbahnhof (alle 20 Minuten).

Schlaue Urlauber fahren mit den Öffentlichen, meiden den Verkehr in der Stadt

Wie das Münchner Stadtwappen ein Mädchen wurde

Die offizielle und ursprüngliche Wappenfigur von München war ab 1304 ein nach rechts blickender Mönch mit schwarzer Kutte und roten Schuhen, in der Linken ein rotes Eidbuch, die Rechte zum Schwur erhoben. Die heutige Bezeichnung der Wappenfigur als Münchner Kindl hat eine bizarre, eigentümliche Geschichte: Seit dem 16. Jahrhundert wurde das Stadtwappen von verschiedenen Künstlern immer wieder verändert. Der Mönch bekam bei jedem Auftrag andere Züge, um 1847 die eines Jungen. Erst in den 1920er-Jahren verwandelte sich der Knabe in ein Mädchen, das Münchner Kindl. Geblieben ist das Outfit mit Kutte, Kapuze und roten Schuhen, das rote Eidbuch in der Linken sowie die rechte Schwurhand.

Auskunft
Fremdenverkehrsverbände:
Allgemeines Internetportal für Urlaub in (ganz) Bayern: *www.bayern.by.*
TOURISMUS OBERBAYERN MÜNCHEN (TOM)
Balanstr. 57, 81541 München, Tel. 089-63 89 58 79, www.oberbayern.de.
TOURISMUSAMT MÜNCHEN
Informationsbüro Marienplatz 8, 80331 München, Tel. 089-23 39 65 00, www.muenchen.de.
Aktuelle Touristeninformationen online (und nicht kommerziell) unter: *www.muenchen-touristen information.de.*

Autovermietung
Am Münchner Flughafen, am Hauptbahnhof sowie über die Hotels sind Autovermietungen zu finden. Kindersitze sollten gleich mitgebucht werden, falls man sie benötigt. Im Winter an die Zubuchung von Winterreifen denken! BahnCard-Kunden erhalten bei Avis, Europcar und Sixt Sonderkonditionen.

Camping
Für die Hochsaison, ob zu Pfingsten oder im Juli/August, sollte man sich seinen Platz unbedingt rechtzeitig im Voraus reservieren, auch wenn es um München herum, vor allem an den großen Seen, scheinbar endlos viele Campingplätze gibt.
Eine Liste der Plätze in Oberbayern mit guter Beschreibung unter: *www.camping.info/deutschland/bayern/oberbayern/campingplaetze.*
Sonst kann man sich auch auf die Angaben der einzelnen Fremdenverkehrsämter verlassen.
Für Oktoberfestfans gibt es in Riem am Messegelände einen speziellen OKTOBERFEST-CAMPINGPLATZ *[info@oktoberfest-camping.com, Tel. 0176-30 45 40 00, www.oktober fest-camping.com]* für Camper, mit bequemer Anbindung an die öffentlichen Verkehrsmittel.

Fahrrad-Touren & -Verleih
Genaue Angaben zu Radtouren und Verleihstationen gibt es bei den

Entspannte Tram-Fahrt mit Aussicht auf die Stadt

Touristenämtern, die Bundesbahn bietet ein Fahrradmitnahme auf manchen Strecken sogar kostenlos an *[www.bahn.de/fahrrad-bayern]*.
Die Fahrrad-Tageskarte München ist einen Tag lang (bis 3 Uhr des Folgetages) im gesamten Verkehrsverbund Münchens gültig und kostet € 3. Sie gilt in allen Zügen des Nahverkehrs sowie in allen U- und S-Bahnen im Münchner Verkehrs- und Tarifverbund (MVV). Achtung: Die Fahrradmitnahme ist nicht erlaubt Mo-Fr 6-9 sowie 16-18 Uhr, in den bayerischen Schulferien nur Mo-Fr 6-9 Uhr.
Das Zweirad wird auch von den meisten Schiffen auf den oberbayerischen Seen mitgenommen, ebenfalls gegen Gebühr. Und in den Regionalzügen jedoch darf das Fahrrad mitgenommen werden.
An 83 Stationen stehen in München mehr als 1.200 Räder bereit, die auch Urlauber über die App „MVG More“ per Smartphone ausleihen können. Bis Ende 2018 soll die Zahl der Fahrräder im Stadtbereich auf 3.200 steigen, hinzu kommen bis zu 1.200 im Umland.

Klima
Zwei der wesentlichen wetterbeeinflussenden Faktoren in München sind die Alpennähe und die Donau. Daher kann das Wetter in München oft relativ wechselhaft sein, die Stadt wird auch häufig von schweren Gewittern getroffen. An durchschnittlich 10 Tagen im Jahr herrscht der Föhn, ein warmer, trockener Fallwind vom Alpenhauptkamm, der so gute Fernsicht bewirkt, dass im Stadtgebiet die Bayerischen Alpen deutlich zu sehen sind. München ist durch die Nähe zu den Alpen die schneereichste Großstadt in Deutschland.

Medien
Die wichtigste Tageszeitung der Region ist die „Süddeutsche Zeitung“, donnerstags Beilage mit Veranstaltungstipps, freitags das „SZ-Magazin“, Regionalbeilagen für alle wichtigen Urlaubsgebiete ringsum. „Münchner Merkur“ sowie die Boulevardblätter „TZ“ („Tageszeitung“) und „AZ“ („Abendzeitung“, SZ-Verlag) ergänzen das Münchner Angebot.
Radiosender von Bedeutung sind die Bayern-Sender 1, 2, 3 (mit Verkehrsfunk), 4 (Klassik) und 5 (alle 15 Minuten aktuelle Informationen) sowie Antenne Bayern. Das Bayerische Fernsehen, das regionale dritte Fernsehprogramm, bietet meist sehr interessante Sendungen, Filme, Dokumentationen, nicht nur über Bayern.

Notrufnummern
Feuerwehr, Rettungsdienst, Notarzt: 112
Polizei: 110
Krankentransport-Bestellung: 192 22
Bereitschaftsdienst der Münchner Ärzte: 116 117
Zahnärztlicher Notdienst: 089-723 30 93
Frauennotruf München: 089-76 37 37
Zufluchtstelle für Mädchen – IMMA e. V.: 089-18 36 09
Jugendhilfeverbund – Just M: 089-82 99 03 14

Öffentliche Verkehrsmittel
Die Region ist hervorragend mit öffentlichen Verkehrsmitteln wie der S-Bahn oder den Regionalbahnen erschlossen. Wer Oberbayern ohne Auto erkunden möchte, sollte unbedingt an das Bayern-Ticket der Deutschen Bahn denken. Die erste Person zahlt dafür € 25, jede weitere (bis 4 Personen) je € 6. Gültig Mo-Fr 9-3 Uhr früh, an den Wochenenden sogar schon ab Mitternacht. Für Fahrräder benötigt man das Fahrrad-Tagesticket (s. S. 108). Auskunft auch unter: *www.bahnland-bayern*.
Der größte Verkehrsverbund ist der MVV mit dichtem Bus-, Straßenbahn-, S- und U-Bahn-Netz, 10er-Streifenkarte € 13,50 (Innenbereich mit 2 Streifen befahrbar, Kinder von 6 bis 14 Jahren brauchen für den gesamten MVV-Bereich nur einen Streifen, Jugendliche von 15 bis 20 Jahren stempeln jeweils die Hälfte der Streifen für Erwachsene, also z. B. statt 8 Streifen ab 4 Zonen nur 4).
Für Familien ideal ist die Gruppenkarte für € 12,80 für den Innenbereich, € 24,30 für das Gesamtnetz *[www.mvv-muenchen.de/de/tickets-preise/tickets/tageskarten/gruppen-tageskarte/index.html. Mehr Infos unter Tel. 089-41 42 43 44 sowie www.mvv-muenchen.de]*.

Öffnungszeiten
Banken: üblicherweise Mo-Fr 8.30-12.30 und 14-16 Uhr.
Postämter: normalerweise Mo-Fr

Klimatabelle München

	Jan	Feb	März	Apr	Mai	Juni	Juli	Aug	Sep	Okt	Nov	Dez
Lufttemperatur max. in °C	2	4	8	14	17	21	23	23	20	14	7	3
Lufttemperatur min. in °C	-5	-4	-1	3	7	10	12	12	9	5	0	-3
Sonnenschein (in Std.) tägl.	2	3	4	5	5	7	7	7	6	3	2	2
Niederschlag (Tage/Monat)	16	15	13	14	15	16	16	15	13	12	14	14

8-18, Sa 8-12 Uhr, aber da es immer mehr kleine Filialen in Schreibwarenläden o. Ä. gibt, variiert das. Geschäfte: Mo-Fr 8/9-19/20, Sa bis 16/18/20 Uhr, inzwischen bleiben auch Supermärkte samstags länger geöffnet. Auf dem Land wird gern eine Mittagspause eingelegt und abends früher Schluss gemacht. In weniger touristischen Orten können manche Lebensmittelläden am Mittwochnachmittag geschlossen bleiben, Metzgereien oftmals auch den ganzen Montag.

Schifffahrt
Sogar die Seenschifffahrt zählt rund um München zu den öffentlichen Verkehrsmitteln, die im Sommerhalbjahr den Liniendienst einhalten. Das gilt für den Starnberger See und den Ammersee. Interessant sind die Kombikarten, z. B. mit Bus- oder S-Bahn-Anreise. Weitere Infos zum zusammenarbeitenden Schiffsverkehr auf den vier Seen Starnberger See, Ammer-, Tegern- und Königssee unter: *www.seenschifffahrt.de*.

Tiere
Wer Hund und Katze im Urlaub nicht alleinlassen möchte, sollte sich vor der Buchung unbedingt danach erkundigen, ob die lieben Vierbeiner im Hotel oder Ferienapartment auch willkommen sind. Das trifft leider nicht immer zu. Außerdem gilt in den meisten Badeseen Hundeverbot, selten gibt es spezielle Badeplätze für Hunde – so am Fasaneriesee und am Langwiedersee (mehr Auswahl unter *www.tiere-in-muenchen.de*).

Eine Schifffahrt, die ist lustig … Gemütlicher geht's nimmer

Literatur- & Spiele-Tipps

Heiko Bellmann:
WELCHES INSEKT IST DAS?
Kosmos Verlag

Ursula Stichmann-Marny,
Dr. Heike Herrmann:
WAS BLÜHT DENN DA? KINDERNATURFÜHRER
Franckh Kosmos Verlag

Carmen Egelhaaf:
WANDERN MIT DEM KINDERWAGEN IM MÜNCHNER UMLAND
Bergverlag Rother

Siegfried Garnweidner:
GROSSES WANDERBUCH: MÜNCHEN MIT DEN MÜNCHNER HAUSBERGEN
Kompass Verlag

Reinhold Lehmann,
Kathrin Schön:
GEOWANDERN MÜNCHNER UMLAND
Bergverlag Rother

Eva-Maria Bast,
Heike Thissen:
MÜNCHNER GEHEIMNISSE
Bast Medien

Friese Friedemann:
TERRA MÜNCHEN – DAS SAKRISCH GUTE WISSENSSPIEL
München 2017, Bestellung:
Tel. 089-21 83 21 83,
www.sz-shop.de

Unterkünfte

In München ist es für Familien gar nicht so einfach, eine passende Unterkunft zu finden, eher werden Sie im Münchner Umland fündig. Zur Orientierung finden Sie hier besonders kinderfreundliche Häuser, die ganzjährig geöffnet haben. Weitere Informationen zu speziellen Familienhotels mit Kinderbetreuung und Qualitätskontrolle unter *www.kinderland.by*, zu Urlaub auf dem Bauernhof unter *www.bauernhof-urlaub.com*. Campingplätze rund um München s. S. 107.

HOLIDAY INN MÜNCHEN

Inselkammerstr. 7-9, 82008 Unterhaching, Tel. 089-66 69 10, www.holiday-inn-muenchen.de. Komfortables Hotel in Stadtnähe (öffentl. Verkehrsmittel zur Innenstadt), Kinderspielzimmer, Sauna und Fitnessraum. Günstige Familienpackages, z. B. 2 Ü im Mehrbettzimmer (2 Erw. und bis zu 3 Kinder bis 18 J.), Schlemmer-Frühstücksbuffet für alle, Welcome-Drink, Überraschung bei Anreise (für Kinder bis 12 J.), ein 3-Gänge-Menü für die Eltern und für Kinder bis 18 Jahre ein Gericht aus der Kinderkarte kostenfrei, Familienlunchpaket bei Abreise, ein Tages-MVV-Ticket für die Familie (bis 5 Pers.) – Komplettpreis für 2 Erw. und bis zu 3 Kinder € 299 (auf Anfrage und nach Verfügbarkeit, nicht bei Messen und Oktoberfest).

SHERATON MÜNCHEN WESTPARK HOTEL

Garmischer Str. 2, 80339 München Tel. 089-519 60, www.sheratonwestpark.com/familienhotel. Zugang zur U-Bahn Heimeranplatz, wenige Min.

Gehzeit vom idyllischen Westpark, unter dem Hotel öffentliche Tiefgarage zur Mitnutzung (€ 20 pro Wagen/Tag). Modernes Hotel mit ruhigen Aufenthaltsräumen und komfortabel eingerichteten Zimmern, Fitnessraum oder Joggingstrecken im benachbarten Westpark. Familienzimmer (35 Quadratmeter) bieten Platz für 2 bis 4 Personen, Familienarrangements: € 150 pro Zimmer/Nacht, Kinder essen kostenlos, 50 % Rabatt für das zweite Zimmer.

HOTEL BRUNNENHOF
Schillerstr. 36, 80336 München, Tel. 089-54 51 00, www.brunnenhof.de. Zwischen Hauptbahnhof und Sendlinger Tor.
Gepflegtes Haus im Zentrum, ruhige Lage, Familienzimmer (für bis zu 6 Pers.) ab € 213 inkl. Frühstück, Kinder (bis 2 J.) kostenlos im Elternbett, 3-Bett-Zimmer ab € 132, 4-Bett-Zimmer ab € 159, 5-Bett-Zimmer ab € 186 (Preise während der Münchner Messen, Oktoberfest, Großevents und um Feiertage nicht gültig).

BEST WESTERN PLUS HOTEL ERB
Posthalterring 1, 85599 München-Parsdorf, Tel. 089-99 11 00, www.hotel-erb.de (ca. 7 Kilometer vom Wildpark Poing, 17 Kilometer vom Marienplatz, von dort S 2, ca. 40 Min. Fahrzeit).
Modernes, komfortabel ausgestattetes Hotel, freundlicher Service, bequem eingerichtete Zimmer und Suiten, gemütliches Restaurant, Posthalterstube und Bistro, Almdorf-Spa mit Zirbenstuben-Bio-Sauna, finnische Sauna, Solegrotte, Kräutersauna und Aroma-Dampfbad. Die Junior-Suiten eignen sich als Familienzimmer und bieten durch ein Ausziehsofa für bis zu 4 Pers. Platz. 3 Ü/F für 2 Erw. und 2 Kinder € 369; Eis/heiße Schokolade unlimited für die Kinder, kostenlose Nutzung des hauseigenen Spas. Bei anderen Arrangements 1 Kind (unter 12 J.) kostenfrei im Zimmer der Eltern, weitere Kinder (unter 12 J.) € 20 pro Tag. Im Restaurant spezielles Kindermenü, Frühstück ebenfalls speziell für die Kleinen.

BEST WESTERN HOTEL MÜNCHEN-AIRPORT
Robert-Koch-Str. 10, 85435 Erding, Tel. 08122-999 00, www.erdinghotel.com. Zur Therme Erding (s. „Kinderfreundliche Badeplätze", S. 25) zu Fuß knapp 10 Min., Flughafen München 14 Kilometer vom Hotel entfernt.
Modernes Hotel, gut ausgestattet, komfortable Zimmer, Restaurant Red Baron mit offener Show-Küche, Fitnessraum, Erdgeschoss mit Spielecke und Kinderkino, für Therme Erding Tageskarte für die ganze Familie inklusive. 13 Familienzimmer mit ca. 30 Quadratmetern und 2 Queensize-Betten, pro Nacht unter der Woche € 109, Fr-So € 119 pro Pers., Kinder (3-11 J.) € 40.

HOTEL VIER JAHRESZEITEN STARNBERG
Münchner Str. 17, 82319 Starnberg, Tel. 08151-447 00, www.vier-jahreszeiten-starnberg.de. 5 Gehminuten vom Starnberger See entfernt.
Modernes Haus mit komfortablen Zimmern, 2 Restaurants, Fitness-Bereich. Familienzimmer: 2 aneinandergrenzende Superior-Zimmer mit Verbindungstür und je einem eigenen Badezimmer, Größe 56 Quadratmeter, max. 4 Erw. oder 2 Erw. und 2 Kinder.

Zimmerpreis inkl. Frühstücksbuffet mit Live-Cooking-Station und Nutzung des Sauna- und Fitness-Bereichs ab € 203,50.

Geprüfte Bauernhöfe außerhalb Münchens

SONNENSTATTER

Familie Hirtreiter, Schießstättstr. 7, 83727 Schliersee, Tel. 08026-200 11, www.gaestehaus-sonnenstatter.de. Autobahn A 8 München-Salzburg, Ausfahrt Weyarn, von Weyarn über Thalham, Miesbach, Hausham bis Schliersee, 54 Kilometer ab München.
100 Jahre alter Bauernhof oberhalb des Schliersees, ökologischer Landbau, Spielplatz, Spielscheune mit Kletterwand und Indoor-Trampolin, Grillen im Garten, viele Nutztiere wie Kühe, Jungvieh, Schweine, Schafe und Pferde, Kutschen- und Schlittenfahrten. Ferienwohnungen ab 7 Nächte mit Frühstück für 2 Pers. € 63 pro Nacht, Kinder (bis 2 J.) im Kinderbett oder im Bett der Eltern gratis, Kinder (3-6 J.) € 11, Kinder (7-15 J.) € 15 und ab 16 J. € 20.

Auf dem Bauernhof kommt man Tieren ganz nah

ABRAHAMHOF

Familie Sindlhauser, Angerfeldweg 10, 83671 Benediktbeuern, Tel. 08857-15 60, www.abrahamhof.de. Über Autobahn A 95 München-Garmisch, Ausfahrt Sindelsdorf, in Richtung Bichl/Bad Tölz, nach ca. 6 Kilometern rechts nach Benediktbeuern, ab München 66 Kilometer.
Alter Bauernhof am Ortsrand, sehr ruhige Lage, Wiesen mit Tischen und Bäumen (beschriftet), 80 Milchkühe, Streichelzoo mit Ponys, Ziegen und Kaninchen, Reitausflüge, Traktorfahrten, Kutsch- und Schlittenfahrten, Abenteuerspielplatz, Riesentrampolin, Tischtennis, Hütte mit Grill, Fahrräder, Kettcar, Einräder. Der Hof ist mit Holz aus eigenem Wald erbaut, auch die Apartments. Zum Verkauf: Milch, Brot, Semmeln, Joghurt, Marmelade, Schnäpse und Säfte aus eigener Produktion. Familienapartments (für Kinder Etagenbetten) bis 4 Pers. für € 87-97.

Einkaufen & Mitbringsel

Die besten und schönsten Einkaufsmöglichkeiten in München dürfte es im historischen Zentrum entlang der Fußgängerzone geben und natürlich auf dem Viktualienmarkt, der nicht nur frisches Obst und Gemüse anbietet. Auf dem Markt und in den angrenzenden Straßen wird man immer fündig, wenn man echt Bayerisches sucht, ob für den Kochtopf oder zur Dekoration. Im Umland dürften die Bauernmärkte besonders verlockend sein.

Sepplhosen und Dirndl

Die Lederhose ist aus dem Wäscheschrank eines echten Bayern ebenso wenig wegzudenken wie das Dirndl bei den Mädchen und Frauen. Man bekommt das richtige Gwand, wie es in Bayern heißt, praktisch in allen Kaufhäusern. Zu einer echten Männertracht gehören außer der am sogenannten Hosentürl reich bestickten Lederhose eine ganze Menge

Typisches Souvenir: Dirndl für jedes Alter

Shopping perfekt

Die wichtigsten Einkaufszentren für alle Bedürfnisse, auch Kinderkleidung und Spielzeug sowie Cafés und Restaurants. Öffnungszeiten Mo-Sa 9.30-20 Uhr:
CITYQUARTIER FÜNF HÖFE, *Theatinerstr. 15, 80333 München Tel. 089-24 44 95 80, www.fuenfhoefe.de.* Über 65 Shops, Mode, Lifestyle, Kunst und Genuss.
OLYMPIA-EINKAUFSZENTRUM, *Hanauer Str. 68, 80993 München, kostenloses Service-Tel. 0800-732 44 44, www.olympia-einkaufs zentrum.de.* Über 135 Geschäfte, Cafés und Restaurants.
PASING ARCADEN, *Pasinger Bahnhofsplatz 5, 81241 München, Tel. 089-28 85 17 55 00, www.pasing-arcaden.de.* Auf mehreren Stockwerken und 39.000 Quadratmetern Verkaufsfläche, von Mode über Elektronik bis hin zu kulinarischen Verlockungen (Stände aus aller Welt, kindgerecht).

Utensilien. Die prominentesten davon sind Hosenträger (natürlich zur Hose passend aus Leder und möglichst mit reicher Stickerei) und Gamsbart, der einen Lodenhut erst zum echten Trachtenhut macht.

Töpferwaren, Holzschnitzereien und Zinnfiguren

Ein paar wichtige Töpfermärkte sind: **AUER DULT** *[www.auerdult.de]*

Mitbringsel nicht vergessen: Töpferstand auf der Auer Dult

am Mariahilfplatz im Altmünchner Stadtteil Au (Ende April-Anfang Mai die Mai-Dult, Ende Juli-Aug die Jakobi-Dult, ab Mitte Okt die Kirchweih-Dult, jeweils 9-19 Uhr), mit Jahrmarktständen, Volksfestgaudi und Kettenkarussell.

BLUTENBURGER TÖPFERMARKT *[im Schloss Blutenburg im Westen Münchens. Mitte Okt Sa/So 11-18 Uhr, www.blutenburg.de]*.

KÜNSTLER-PAVILLON IN DIESSEN *[am Ammersee, 32 Werkstätten, April-Okt tägl. 10-18, Nov/Dez Fr 14-17, Sa/So sowie Ostern und Weihnachtszeit Sa/So meist 11-17 Uhr]*. Ausstellung und Verkauf von Gold- und Silberschmiede-Erzeugnissen, Holz und Keramik, Glas und Metall:

ARBEITSGEMEINSCHAFT DIESSENER KUNST *[Seestr. 30, 86911 Dießen am Ammersee, Tel. 08807-84 00, www.diessener-kunst.de]*.

DIESSENER KUNSTHANDWERKERMARKT *[Mariä Himmelfahrt 10-18 Uhr]*.

Heldenhafter FC Bayern

Den FC Bayern lieben nicht nur die meisten Bayern, er hat auch viele Fans außerhalb des Freistaates. Für sie gibt es richtige Fan-Shops. Die bieten alles, was man sich nur denken kann, von Trikots über Bierhumpen bis zum Fußball. Ob im Internet unter shop.fcbayern.de oder direkt im **FC BAYERN FAN-SHOP MEGASTORE** *[in der Allianz-Arena, Ebene 3, Werner-Heisenberg-Allee 25, 80939 München. Tägl. 10-18.30 Uhr. Ausnahme: Bei Heimspielen öffnet der Megastore 2 Std. vor Spielbeginn und schließt 1 Std. nach Spielende. Der Zutritt ist hierbei nur mit Ticket möglich!]*. Weitere Fan-Shops befinden sich in München am Trainingsgelände Säbener Str. 51-57, im Hauptbahnhof, im Flughafen, in den Stachus-Passagen, in der Neuhauser Straße 2 sowie am Hofbräuhaus in der Orlandostr. 1. In der Orlandostr. 8 bietet auch der TSV 1860 München Fan-Artikel für seine Anhänger.

Festkalender

Die Münchner feiern gern und haben bekanntlich die meiste Zeit dafür, denn ihnen stehen wegen der überwiegend katholischen Bewohner mehr freie Tage im Jahr zur Verfügung als in den evangelischen Teilen Deutschlands mit weniger Feiertagen.

Januar/Februar:
FASCHINGSTREIBEN
Am Faschingsdienstag kann man in München dem Tanz der Marktfrauen auf dem Viktualienmarkt beiwohnen. Das tolle Faschingstreiben findet mit dem traditionellen Fischessen in allen Lokalen am Mittwoch sein Ende.

März/April:
STARKBIERZEIT
Auf die Faschingszeit folgt die Fastenzeit und läutet die zweiwöchige Starkbierzeit (Mitte-Ende März) ein.

Mai/Juni:
MAIBAUM UND RITTERSPIELE
Beim Reisen durch München und Umgebung fallen die hoch aufragenden Maibäume auf. Es sind meist große, verzierte Bäume, die an einem zentralen Platz im Ort aufgerichtet werden. Handwerker und Bauern können sich an den Maibäumen mit ihren Zunftzeichen verewigen.
9. und 10. Juni: Münchens Stadtgeburtstag am Marienplatz.

Juli/August
RITTERTURNIERE, TOLLWOOD UND FISCHERSTECHEN
In Kaltenberg (40 Kilometer westlich von München) an vier Terminen im

Die Wiesn: eine stille Ecke für Familien

Das **FAMILIEN-PLATZL** ist eine kleine Oase auf dem überfüllten Festplatz. Das ist der Treffpunkt für Eltern, Großeltern und Kinder, die ein geruhsames Vergnügen inmitten des Trubels suchen. Sie finden in gemütlicher Atmosphäre einen zünftigen Biergarten, das Wiesn-Café und zahlreiche Schmankerlbuden mit Herzhaftem für Groß und Klein. Eine besondere Attraktion dürfte das Weißbierkarussell sein. Zur weiteren Gaudi, wie es in Bayern heißt, tragen Spicker- und Schießbude, ein Karussell und die Ponyreitbahn bei. Die Eltern können im übersichtlichen Platzl bei einer Maß Bier dem Nachwuchs zuschauen. Für die Allerkleinsten und ihre Eltern stehen ein Kinderwagenparkhaus und ein Babywickelraum zur Verfügung. Für Kinderwagen ist das Familien-Platzl ideal, denn es ist stufenfrei erreichbar und mit Holzboden ausgelegt.
Wiesn-Str. 3, Ost, mit einem eigenem Zugang in Höhe der Beethovenstr.
Nostalgisch geht es nebenan auf der **OIDE WIESN** weiter, dort wartet auf Kinder ein Limogarten mit Limobrunnen, Marionettentheater, Motodrom und vieles andere mehr.
Erw. € 3, Kinder (bis 14 J.) frei.

Juli Ritterturnier mit Gauklerprogrammen, nachmittags Kinderritterturniere *[www.ritterturnier.de]*.
Open-Air-Kino und Rockkonzerte auf dem Münchner Königsplatz *[www.kinoopenair.de]*.
Tollwood: an 25 Tagen im Juni und Juli im Olympiapark, mit spektakulärem Feuerwerk, Musik, Showprogramm, rund 50 Gastronomie- und über 200 Kunsthandwerkständen *[www.tollwood.de]*.
Fischerstechen um den 15. August an mehreren Seen, besonders aufwendig in Dießen am Ammersee: Dabei „stechen" sich je drei Mann gegenseitig vom Boot mit Stangen ins Wasser.

September/Oktober:
WIESN UND KIRCHWEIH
Das Oktoberfest, die Wiesn, findet schon ab Mitte September auf der Theresienwiese statt, weil dann Klima und Sonnenstunden günstiger sind (s. S. 109). Es dauert zwei Wochen und beginnt mit dem Einzug der Wiesn-Wirte am ersten Wiesn-Samstag etwa Mitte September vor dem berühmten Ozapfen (Fass-Anstich) durch den Münchner Oberbürgermeister. Am ersten Wiesn-Sonntag findet der farbenprächtige Trachten- und Schützenumzug statt, der große Teile der Innenstadt erfasst *[www.oktoberfest.de]*.
3. Oktobersonntag: Kirchweih in München und Umgebung. Nach dem Gottesdienst wird in der Dorfkneipe deftiger Schmaus mit Gänsen, Enten und ausgebackenen Kirchweihnudeln, auch „Auszogne" genannt, zelebriert.

Warum Oktoberfest?

Am 1. Oktober 1810 heiratete der spätere König Ludwig I. Therese von Sachsen-Hildburghausen. Damit auch das Volk etwas von der Hochzeit hatte, wurde am 17. Oktober ein Pferderennen auf der nach der Braut benannten Theresienwiese veranstaltet. Damit war das Oktoberfest geboren bzw. die Wiesn. Da das Wetter Mitte Oktober aber meistens schlecht war, verlegte man den Beginn der Festlichkeit auf den September – der traditionelle Name allerdings blieb bestehen.

Oktoberfest: besser zum Familien-Platzl

November/Dezember:
CHRISTKINDLMÄRKTE
Die fast schon volksfestähnlichen Christkindlmärkte mit ihren duftenden Glühwein- und Lebkuchenständen finden ab dem 1. Adventssonntag bis zum 4. Advent statt. Ein wahrer Touristenmagnet ist der Münchner Christkindlmarkt auf dem Marienplatz. Besonders beliebt ist bei den Einheimischen der Schwabinger Christkindlmarkt, aber praktisch jeder Stadtteil hat mindestens einen.

Flora & Fauna

Die Veränderung des Klimas hat auch im Münchner Raum für die Tier- und Pflanzenwelt neue Grundlagen geschaffen. Neben den allgemein höheren Temperaturen heizt sich die Münchner Betonlandschaft im Sommer teilweise um 10 Grad mehr auf als das Umland. Durch das „subtropische" Klima fühlen sich Insekten und Vögel des südlichen Europas bei uns wohl und bleiben sogar im Winter hier. Auch manche Pflanzen, deren Samen von Vögeln verbreitet werden, gedeihen plötzlich in diesen nördlicheren Gebieten. Zusätzlich bieten Münchens Grünzonen Flora und Fauna günstige Lebensräume, so die grüne Achse der Isar, der Englische Garten, der Nymphenburger Schlosspark, die Aubinger Lohe, die Langwieder Haide und die Naturschutzgebiete Allacher Lohe in Allach, die Panzerwiese und das Hartelholz in Milbertshofen, das Schwarzhölzl in Feldmoching und die Fröttmaninger Heide. Es lohnt sich also für Liebhaber der Natur, diese Gebiete in der Urlaubsplanung zu berücksichtigen.

Liv rettet im Garten ein Eichhörnchen

Die Fauna in der Stadt

Zur klimatischen Veränderung kommt hinzu, dass ein großer Teil der wilden Tierwelt – durch Verbauung und intensive landwirtschaftliche Nutzung vom Land vertrieben –München als Lebensraum entdeckt. Zum Ärger der Gartenbesitzer am Stadtrand, speziell in Grünwald, gräbt sich der Fuchs unter den Zäunen durch und wildert im Komposthaufen, sogar am Marienplatz tauchte der schlaue Meister Reineke schon auf. Weniger Ärger bereitet die aus dem Mittelmeerraum zugewanderte italienische Mauereidechse. Also Augen auf bei lockeren Mauern und Steinhaufen! Andere Tiere suchen wegen des wärmeren Klimas, der Verbauung der Nistplätze auf dem Land und des großen Nahrungsangebots vor allem Münchens ruhige Grünflächen auf. So bereichern unseren Garten in den letzten Jahren immer häufiger Buntspecht und Eichelhäher, schwarze und rote Eichhörnchen (Foto) sowie scharenweise Stadtspatzen, die unsere heimischen Kohlmeisen aus deren angestammten Häuschen vertrieben haben.

Tipps für neugierige Tierfreunde

Für den Urlaub in und rund um München hier noch ein paar Tipps für mit Fernrohr und Kamera bewaffnete neugierige Naturfreunde:

BIBER: Zu sehen an der Isar und den nördliche Isarauen.

Blühende Artenvielfalt

Als Ausgleichsmaßnahmen für Bauprojekte wurden im Münchner Raum geschützte Heiden geschaffen, auf denen sich allmählich artenreiche und blumenbunte Areale bildeten. Attraktiv blühende Pflanzen wie Salbei oder die Kartäusernelke (purpurfarbene fünfblättrige, am Rand gezackte Krone) machen Spaziergänge dort zu einem besonderen Naturerlebnis. Auch die fast ausgestorbenen Mehlprimeln, volkstümlich mehlige Schlüsselblumen genannt (weißer Belag der Blattunterseiten), sind etwa im **RIEMER PARK** und in den benachbarten Magerrasen sowie an der **LANGWIEDER HAIDE** entdeckt worden. Wer ein gutes Auge hat, findet dort sogar den äußerst seltenen Fransenenzian. Auf dem Steppenrasenbiotop Langwieder Haide haben Spaziergänger neuerdings auch die Silberdistel und die Sibirische Schwertlilie entdeckt.

DACHS: Englischer Garten sowie Aubinger und Allacher Lohe.
SIEBENSCHLÄFER: in Vogelnistkästen.
EICHHÖRNCHEN, KANINCHEN, HERMELIN, FLEDERMAUS UND SPECHT: Parks an der Isar.
REH UND HIRSCH: Englischer Garten, Nymphenburger Park.
SCHMETTERLINGE UND SCHRECKEN: vom Distelfalter und Admiral bis zur seltenen Blauflügeligen Ödlandschrecke auf fast allen Grünflächen mit geschützten Wiesen.
LIBELLEN: an sehr sonnigen, naturnahen Bächen, Baggerseen und Gartenteichen.
ZAUNEIDECHSE UND TURMFALKE: Langwieder Haide.

Geschützte Heide statt Bauland
Nachfolgend ein paar der geschützten Schönheiten. Wer sie auch an anderen Orten entdeckt, der kann sie an das **BAYERISCHE LANDESAMT FÜR UMWELT** melden *[Sonnenstr. 10, 80331 München, Tel. 089-59 32 04, www.lfu.bayern.de]*.
HEIDERÖSCHEN: Der niedrige Strauch, auch Rosmarin-Seidelbast genannt, wurde auf der Fröttmaninger Heide wiederendeckt.
WOHLRIECHENDE SKABIOSE: Die Graue Skabiose wird auch Wohlriechende Skabiose genannt, da ihre Blüten stark nach Orchideen duften. Volkstümlich ist sie auch unter dem Namen Acker- oder Wiesen-Witwenblume bekannt, die größten Bestände wachsen im Süden der Fröttmaninger Heide.
TÜRKENBUND: Diese durch ihren „Turban“ exotisch anmutende Blüte wächst in den lichten Münchner Lohwäldern. Leider werden die Blüten nicht nur gern von Rehen abgefressen, sondern auch oft als Tischschmuck mitgenommen – das verhindert Samenbildung und Vermehrung. Also: Nur bewundern und fotografieren.
PRACHTNELKE: In den Mooslandschaften des Münchner Westens. Auch hier gilt: Die hübsche, grazile Blüte mit federartigen, geschlitzten Kronblättern nicht pflücken.

Geschichte

Ehe München gegründet wurde, gab es die heutigen Stadtteile bereits als eigenständige Orte. So fanden zum Beispiel zwischen 750 und 790 erste urkundliche Erwähnung: Oberföhring als „ad Feringas", Pasing als „villa Pasingas", Bogenhausen als „Pupinhusir", Trudering als „Truhteringa", Allach als „Ahaloh ", Perlach als „Peralohc", Schwabing als „Suuapinga", Sendling als „Sentilinga", Giesing als „Kyesinga" und Feldmoching als „Feldmohinga".
Münchens Gründung beginnt erst im Jahr 1158 mit Heinrich dem Löwen, der das Gebiet an der Isar von Kaiser Friedrich Barbarossa für treue Dienste geschenkt bekommt (s. Tour 5, ab S. 56). Nachdem Heinrich in Ungnade gefallen ist, wird Barbarossas Mitkämpfer, der Wittelsbacher Otto I., im Jahr 1180 mit dem Herzogtum Bayern belehnt. Damit beginnt die bis 1918 dauernde Herrschaft der Wittelsbacher über Bayern.

Monachia, Symbol für Bayerns Hauptstadt

Die Bevölkerung leidet

Der Begriff Oberbayern erscheint erstmals 1255 unter Ludwig dem Strengen als Bezeichnung des Herzogtums. Während die mächtigen Wittelsbacher Generation um Generation streiten und kämpfen, ist keine Zeit, sich um das Wohlergehen der Bevölkerung zu kümmern. Sie darbt und leidet jahrhundertelang: Ritterschlachten zwischen Wittelsbachern und Habsburgern (1313, 1322), Landesteilungen (1392), sogenannter Hausstreit (1420-1422), Landshuter Erbfolgekrieg (1503/04), Schlachten im Land (1547/48), schwedische Belagerung und Verwüstung des Oberlandes (1632), Okkupationsregime durch Habsburg (1742-1744), Bayerischer Erbfolgekrieg (1777/78), Einmarsch napoleonischer Truppen (1800).

Schluss mit Lehnsherrschaft und Klosterbesitz

Erst mit Gründung des Königreichs Bayern unter König Max I. Joseph (1806-1825) ändert sich das Leben der verarmten Landbevölkerung u. a. dadurch, dass die Herrschaft der Lehnsherren abgeschafft wird und die Bauern nun selbst ihre Höfe verwalten dürfen. Auch die Klöster werden säkularisiert. Doch anderes Leid kommt über die Bevölkerung, nachdem Napoleon München „befreit": Max I. Joseph muss 1812 für Napoleons Russlandfeldzug 30.000, später noch einmal 5.000 Mann stellen. Nur 3.187 Kämpfer kommen zurück. An diese Tragik erinnert der Obelisk am Karolinenplatz in Münchens Stadtteil Maxvorstadt, der Entwurf stammt von Leo von Klenze. Etwas vereinfacht steht dort der Satz: „Den dreyssig

Symbolfigur Monachia

Die Stadtverwaltung München legte schon immer großen Wert darauf, ihre wachsende Selbstständigkeit gegenüber der Staatsgewalt zu demonstrieren. Der ganz Bayern zugeordneten Schutzpatronin, der Bavaria (s. Tour 1, S. 33), wurde, nach dem lateinischen Namen für München, die Monachia gegenübergestellt. Gestalt gegeben hat ihr 1879 der Historienmaler Karl von Piloty (1826-1886) in seinem Kolossalgemälde „Monachia“, mit einer Breite von 15,3 und einer Höhe von 4,6 Metern. Zu besichtigen ist es im Großen Sitzungssaal des Neuen Rathauses. In provokanter Weise werden 121 um das Gemeinwohl verdiente Bürger und 7 Bürgerinnen groß herausgestellt – die Landesherren, die Wittelsbacher, jedoch nur als leblose Standfiguren im Hintergrund. Besucher können von der Galerie aus das Prachtgemälde bei öffentlichen Sitzungen des Stadtrats bewundern. Oder bei Führungen – Termine beim Fremdenverkehrsamt im selben Gebäude. Übrigens: Wirtschaftlich erfolgreiche Gründerinnen oder Unternehmerinnen aus München werden ab 2018 mit dem Preis „La Monachia“ ausgezeichnet.

tausend Bayern, die im russischen Kriege den Tod fanden.“

Endlich Zeit für Kunst und Kultur
Unter dem Sohn des Königs, Ludwig I. (1825-1848), werden Kunst und Kultur gefördert: Es entstehen Glyptothek, Nationaltheater, Feldherrnhalle, Ruhmeshalle und einige Abteien, beispielsweise das Kloster Andechs. Erst sein Techtelmechtel mit der Tänzerin Lola Montez bringt den König zu Fall. Doch sein ältester Sohn Maximilian II. (1848-1864) setzt die friedliche Arbeit fort, 1848 bilden sich politische Parteien, protestantische Liberale kommen im katholischen Land zum Zuge. Maximilian II. fördert Wissenschaft, Industrie und Architektur, u. a. das Maximilianeum, 1879 wird im neuen Rathaus das Kolossalgemälde mit der Symbolfigur Monachia aufgehängt (s. Foto auf S. 120 und Kasten links).

„Unsa Kini“ wird entmündigt
Maximilians plötzlicher Tod bringt Ludwig II. mit 18 Jahren auf den Thron (1864-1886). Doch der politische Neuling widmet sich lieber dem Bau seiner Märchenschlösser, München wird vernachlässigt. Obwohl der Regent die Berührung mit dem Volk scheut, wird er trotz Entmündigung (1886) verehrt, er bleibt „unsa Kini“ bis zu seinem tragischen, bis heute ungeklärten Tod im Starnberger See und darüber hinaus (s. Tour 10, S. 81).

Regent mit Hang zu Lederhose und Viehzucht
Nach der Entmündigung übernimmt Luitpold, fünftes Kind König Ludwigs I. von Bayern, die Staatsgeschäfte

Denkmal für Maximilian I. vor der Oper

als Prinzregent. Dem im Starnberger See ertrunkenen Ludwig II. folgt eigentlich dessen jüngerer Bruder Otto I. auf den Thron. Doch Otto ist seit seiner Jugend geisteskrank, also übt Prinzregent Luitpold für ihn die Regentschaft aus.
Die Prinzregentenzeit (1886-1912) ist politisch gesehen eine stille Epoche. Luitpold widmet sich statt der Landeshauptstadt eher dem Allgäu und dem Land Oberbayern, er schätzt Lederhose, Lodenjoppe und die Hirschjagd im Berchtesgadener Land. Und so wird 1888 München per Bahn mit Berchtesgaden verbunden. Zahlreiche Anekdoten begleiten die Regentenzeit. Ein Beispiel: In Oberstdorf spendiert Luitpold den Kindern an seinem Geburtstag einen schulfreien Tag und jedem Schüler ab dem dritten Schuljahr einen Schoppen Bier.
Nach dem Herrscher sind das an der Münchner Prinzregentenstraße gelegene Prinzregententheater und der Münchner Luitpoldpark benannt, auch die Prinzregententorte und eine Biersorte wurden ihm gewidmet.

Nach Luitpolds Tod übernimmt sein Sohn Ludwig III. die Herrschaft. 1914 bricht der Erste Weltkrieg aus. Schon 1915 kommt es wegen Lebensmittelknappheit zu Spannungen zwischen Stadt und Land. Revolutionäre der verschiedenen Richtungen beherrschen die Straßen, der König flieht überstürzt nach Ungarn.

Weltkriege und NS-Herrschaft

Die Monarchie ist zu Ende, Kurt Eisner ruft 1918 die Demokratische und Soziale Republik Bayern aus. Beim Hitlerputsch bzw. dem Marsch auf die Feldherrnhalle (s. Tour 3, S. 47) versuchen Adolf Hitler, Erich Ludendorff und weitere 400 Putschisten, am 8. und 9. November 1923 in München die Regierungsmacht an sich zu reißen. Danach soll mit ihren Unterstützern ein Marsch auf Berlin folgen, dort die Republik beseitigt und eine „nationale Diktatur gegen Juden und Marxisten" errichtet werden.
Der Putsch wird verhindert, die Haupttäter verhaftet. Doch der nationalistische Virus wächst weiter und zehn Jahre später, 1933, übernimmt die NSDAP die Macht im NS-Gau München-Oberbayern. In Dachau wird das KZ errichtet, München zur „Hauptstadt der Bewegung" erklärt.
Der Zweite Weltkrieg (1939-1945) hinterlässt seine Spuren: Luftangriffe auf bayerische Städte werden geflogen, 60 % der Münchner Altstadt zerstört.
Nach Wiederherstellung der Regierungsbezirke und Kreise 1946 bildet sich die Parteienlandschaft heraus, seit 1957 ist die CSU stärkste politische Kraft in Bayern, die SPD dominiert jedoch in der Hauptstadt München.

Sport

Fußball
Ohne den **FC BAYERN** geht hier bekanntlich kaum etwas, fußballsportlich betrachtet. Aber auch der Zweitligist **TSV 1860 MÜNCHEN**, die Löwen, hat seine Anhänger *[www.allianz-arena.com, www.fcbayern.com und www.tsv1860.de]*.

Golf
Die Vielfalt der Golfplätze rund um München kann sich sehen lassen, auch die Übungsplätze für Anfänger. Eine genaue Liste mit allen Plätzen gibt es unter www.muenchen-spielt-golf.de. Kinder können oftmals kostenlos das Golfen ausprobieren.

Hochseilgärten
Hochseilgärten und Kletterwälder sind das neue Abenteuer für die ganze Familie. Anfangs schlottern vielen die Knie, wenn der Klettergurt umgelegt, der Helm aufgesetzt und die doppelte Sicherheitsleine mit Karabiner umgehängt wird. Von einem erfahrenen Begleiter unterstützt, geht es 2 bis 4 Stunden lang über Leitern auf die Bäume, über wackelnde, schwingende Hängebrücken von Stamm zu Stamm, auf schmalen Brettern hoch über dem Boden zur nächsten Plattform. Ostern-Sep/Okt, meistens 10-18 Uhr, je nach Witterung. Klettergärten haben für kleinere Kinder einen Sonderparcours mit leichten Übungen (s. auch „Attraktionen", S. 98).

Kletterkurse für Kinder und Familien

Inliner
Eine s uper Auswahl von mehr als 100 Touren (mit Karten) finden Fans dieser Sportart auf *www.inlinemap.de* allein für München und Umland. Kurze Touren wie rund um das Nymphenburger Schloss (6 Kilometer), längere vom Lehel in den Olympiapark (19 Kilometer) oder rund um die Theresienwiese (20 Kilometer) und vom Olympiapark zum Schloss Schleißheim und dem Feldmochinger See (30 Kilometer).

Klettern
Klettern an der Kletterwand und Spiele (Piratenschiff, Ritterburg etc.) schon für Minis ab 3 Jahren bietet das **DAV KLETTER- UND BOULDERZENTRUM MÜNCHEN SÜD** *[Thalkirchner Str. 207, 81371 München, Tel. 089-18 94 16 30, www.kbthalkirchen.de. Tägl. 7-23 Uhr]*.
Der Deutsche Alpenverein DAV informiert über weitere Klettermöglichkeiten und Kletterkurse in Oberbayern *[www.alpenverein-muenchen-oberland.de bzw. www.davplus.de]*. Für Kinder und Familien werden spezielle Kletterkurse angeboten. Auskunft über alpine Touren erteilt: *www.alpine-auskunft.de*.

Radwandern/Wandern
München entwickelt sich zur Radfahrerstadt, die auch auf E-Bikes setzt. Innerstädtisch werden sogar Führungen mit dem Fahrrad angeboten (s. Tour 3, S. 45). Doch auch das von der Stadt ausgehende Fern- und Radwanderwegenetz ist immens, wenn auch zum großen Teil identisch mit Wanderwegen (s. Tour 6, S. 61).

Reiten
In Münchens Umgebung findet man spezielle Reithöfe für Kinder. Informationen beim Fremdenverkehrsverband bzw. im Internet unter: *www.pferde.de/Reiterferien-in-Oberbayern*. Man kann Reiterferien mit der ganzen Familie genießen, Kinder können aber auch allein ihre Ferien auf einem Reiterhof verbringen. Interessante Adressen:
REITEN BEI FREUNDEN
[Krähenweg 85, 81249 München-Lochhausen, Tel. 0171-236 53 75, www.reiten-bei-freunden.de],
PONYREITSCHULE ESCHENHOF
[Schlagweg 26, 81241 München-Pasing, Tel. 01578-219 20 10, www.ponyreitschule-eschenhof.de],
REITSTALL LANGWIEDER BACH
[mit Kinder-Ferien-Reitcamps, Am Langwieder Bach 60, 81245 München, Tel. 0176-76 27 26 92, www.reitstall-am-langwieder-bach.de].

Wassersport
München hat eine Attraktion, die Surf-Profis andernorts vor Neid erblassen lässt: die Eisbachwelle im Englischen Garten (s. Tour 7, S. 65). Einfach schwimmen kann man mit und ohne waghalsige Sprünge in den Frei- und Hallenbädern der Stadt, ja sogar mit einem Wellenbad (s. Cosimabad, S. 27). Alle Bäder Münchens werden von den Stadtwerken betrieben und sind auf deren Homepage zu finden *[www.swm.de]*. Wer anderen Wassersport treiben möchte, muss schon an die umliegenden Seen fahren. So eignet sich z. B. der Starnberger See zum Rudern und Surfen, Kiten und natürlich Segeln. **SURF- UND SEGELSCHULE NORDBAD** im Norden des Sees *[Nordbadstr. 1, 82327 Tutzing, Tel. 08158-68 19, www.nordbad.de]* und die Surf- und Katamaranschule im **WASSERSPORT-CENTER STARNBERGER SEE** im Süden *[Buchscharnstr. 10, beim Gasthaus Fischerrosl, 82541 Sankt Heinrich, Tel. 08171-91 59 10, www.surfschule-starnbergersee.de]*.
Für Kajak, Kanu und Rafting ist die Isar erst ab Lenggries befahrbar und

Weiche Sprünge für alle

In Münchens neuem **AIRHOP-TRAMPOLINPARK** warten 70 Trampoline auf sportliche Springer, die Jüngsten plumpsen in die Schaumstoff-Grube, Freunde spielen gegeneinander 3-D-Völkerball mit Schaumstoffbällen usw. Getränke und Snacks gibt es in der Cafeteria. *Ingolstädter Str. 172, 80939 München, www.airhoppark.de, U 2 bis Harthof, dann Bus 141 und 170 bis Haltestelle Anton-Will-Straße, kurzer Fußweg. 1 Std. Springen ab € 12.*

ab dort hervorragend für Rafting geeignet. Genauere Auskünfte erhält man bei den Touristikämtern oder beim Bayerischen Kanuverband unter: *www.kanu-oberbayern.de*.

Wintersport

Wintersport in München? Warum nicht! Überall rund ums Zentrum gibt es ein paar Parks mit Hügeln, die sich zum Rodeln eignen. Am bekanntesten dürfte dafür der Olympiapark sein mit den längsten und schnellsten Rodelstrecken vom rund 50 Meter hohen Olympiaberg. Dicht gefolgt vom Monopteros im Englischen Garten, auch im Luitpoldpark, im Westpark oder im Riemer Park geht es im Winter recht „rutschig" zu, ebenso zu Füßen der Bavaria auf der Theresienwiese. Noch ein Geheimtipp könnte die Aubinger Lohe im Westen der Stadt sein. Doch München hat ja zudem die nahen oberbayerischen Skigebiete, die durch Seilbahnen, Skilifte etc. hervorragend erschlossen sind. Beliebt bei der ganzen Familie sind außer den Winter- auch die Sommerrodelbahnen. Und fast überall gibt es Skischulen für Groß und Klein.

WINTERRODELBAHNEN: Von München aus auch im Winter mit 50/60 Kilometern Entfernung noch zumutbar, geräumte Straßen.

TOURIST-INFORMATION BAD WIESSEE *[www.bad-wiessee.de, Stadt Tegernsee (2 Kilometer), am Wallberg (6,5 Kilometer), in Kreuth (5 Kilometer), am Setzberg (3 Kilometer). 50 Kilometer]*,

BLOMBERGBAHN BAD TÖLZ *[www.blombergbahn.de, Am Blomberg (5,5 Kilometer), weniger Geübte ab Mittelstation (2,5 Kilometer). 53 Kilometer]*.

Rund um Lenggries/Tölzer Land:

SKISCHULE ISARWINKEL *[www.skischule-isarwinkel.de. Zwergerlkurse und Kinderskikurse]*,

SKISCHULE HISKI *[www.hiski.de. Zwergerlkurse für 4- bis 6-Jährige]*,

SKISCHULE KOBER UND VILLA LUSTIG *[www.villa-lustig.de. Ski-Zwergerlkurse ab 3 J., Snowboardkurse ab 5 J. 62 Kilometer]*.

Segelkurse auf dem Starnberger See

Index

RESTAURANTS & EISDIELEN:

Impressum

VERLAG: COMPANIONS GmbH,
Hopfensack 19, 20457 Hamburg,
Tel. 040-306 04-600,
E-Mail: info@companions.de,
Internet: www.companions.de

AUTOR: Gottfried Aigner
LEKTORAT: Bettina Hensel
SCHLUSSKORREKTUR: SchlussBlick
GESTALTUNGSKONZEPT: Finny Nguyen
LAYOUT: Cornelia Prott
DRUCK UND BINDUNG:
DZA Druckerei zu Altenburg GmbH

Der Autor dankt seiner Frau und Kollegin Nana Claudia Nenzel für die hervorragende Organisation, ihre effiziente Beratung und für die kollegiale Mitarbeit.

ISBN: 978-3-89740-742-8

BILDNACHWEISE:
Titelfoto: Gallery Stock/Cultura
Alle Bilder von Gottfried Aigner, außer: Fotolia/Greenpapillon S. 2, Fotolia/Oksanatrautwein S. 3, Nana Claudia Nenzel S. 4, Fotolia/Monthly S. 11, Fotolia/Robert Kneschke S. 15, Fotolia/mmphoto S. 16, 24, 105, Fotolia/photo 5000 S. 18, Therme Erding S. 25, Westbad/SWM S. 26, Naturbad Maria Einsiedel/Denise-Krejci S. 28, Fotolia/francovolpato S. 29, Fotolia/Michael Eichhammer S. 33, L. Kaster S. 38, Fotolia/Marina Lohrbach S. 40, Fotolia/Vladimir Mucibabic S. 47, Fotolia/Andreas Haertle S. 50, Werner Boehm S. 52, L. Gervasi S. 53, Fotolia/andinspiriert S. 65, Fotolia/Mikhail Markovskiy S. 66, Fotolia/Monica Cavalletti S. 74, Fotolia/Andy Ilmberger S. 85, Fotolia/Wolfilser S. 86, Museum Mensch und Natur S. 89, Deutsches Jagd- und Fischereimuseum S. 90, BMW Welt München/Marcus Buck S. 92, Sea Life/Ulrich Perrey S. 95, Münchner Wald – Kletterwald Vaterstetten/Emiliyan Frenchev, Jochen Schweizer Arena/Stefan Eisend S. 101, Bayern-Kamel 104, Fotolia/franz12 S. 106, Fotolia/Alexander Zamaraev S. 108, Fotolia/babsi_w S. 113, Fotolia/dvoevnore S. 114, Fotolia/Töpfer S. 115, Fotolia/LightingKreative S. 117, Fotolia/ARochau S. 123, Fotolia/Sebastian Rothe S. 128